I0567111

DISCLAIMER

The author and publisher are providing this book and its contents on an "as is" basis and make no representations or warranties of any kind with respect to this book or its contents. The author and publisher disclaim all such representations and warranties, including but not limited to warranties of merchantability. In addition, the author and publisher do not represent or warrant that the information accessible via this book is accurate, complete, or current.

Except as specifically stated in this book, neither the author nor publisher, nor any authors, contributors, or other representatives will be liable for damages arising out of or in connection with the use of this book. This is a comprehensive limitation of liability that applies to all damages of any kind, including (without limitation) compensatory; direct, indirect, or consequential damages; loss of data, income, or profit; loss of or damage to property; and claims of third parties.

FIRST EDITION - Published 2022

Extra Graphic Material From: www.freepik.com
Thanks to: Alekksall, Starline, Pch.vector, Rawpixel.com, Vectorpocket, Dgim-studio, Upklyak, Macrovector, Stockgiu, Pikisuperstar & Freepik.com Designers

This Book Comes With Free Bonus Puzzles

Available Here:

BestActivityBooks.com/WSBONUS20

5 TIPS TO START!

1) HOW TO SOLVE

The Puzzles are in a Classic Format:

- Words are hidden without breaks (no spaces, dashes, ...)
- Orientation: Forward & Backward, Up & Down or in Diagonal (can be in both directions)
- Words can overlap or cross each other

2) ACTIVE LEARNING

To encourage learning actively, a space is provided next to each word to write down the translation. The **DICTIONARY** allows you to verify and expand your knowledge. You can look up and write down each translation, find the words in the Puzzle then add them to your vocabulary!

3) TAG YOUR WORDS

Have you tried using a tag system? For example, you could mark the words which have been difficult to find with a cross, the ones you loved with a star, new words with a triangle, rare words with a diamond and so on...

4) ORGANIZE YOUR LEARNING

We also offer a convenient **NOTEBOOK** at the end of this edition. Whether on vacation, travelling or at home, you can easily organize your new knowledge without needing a second notebook!

5) FINISHED?

Go to the bonus section: **MONSTER CHALLENGE** to find a free game offered at the end of this edition!

Want more fun and learning activities? It's **Fast and Simple!**
An entire Game Book Collection just **one click away!**

Find your next challenge at:

BestActivityBooks.com/MyNextWordSearch

Ready, Set... Go!

Did you know there are around 7,000 different languages in the world? Words are precious.

We love languages and have been working hard to make the highest quality books for you. Our ingredients?

A selection of indispensable learning themes, three big slices of fun, then we add a spoonful of difficult words and a pinch of rare ones. We serve them up with care and a maximum of delight so you can solve the best word games and have fun learning!

Your feedback is essential. You can be an active participant in the success of this book by leaving us a review. Tell us what you liked most in this edition!

Here is a short link which will take you to your order page.

BestBooksActivity.com/Review50

Thanks for your help and enjoy the Game!

Linguas Classics Team

1 - Food #1

```
А  І  Е  И  Ч  Ш  Ц  Г  И  Л  Ь  Л  Щ  Д
Ч  А  С  Н  И  К  О  Р  И  Ц  Я  І  Д  Ь
В  М  Ж  У  Ф  Ю  Ц  У  О  І  Я  Ю  А  Ц
С  І  К  Щ  П  Щ  Л  Ш  А  Р  А  Х  І  С
Ц  И  Б  У  Л  Я  І  А  Б  Ґ  Р  Л  М  С
Ц  У  М  О  Р  К  В  А  Р  Ф  В  Е  О  І
С  Д  К  О  К  Л  Ш  П  И  Н  А  Т  Л  Л
М  А  Ч  О  П  И  Ч  Х  К  А  С  У  О  Ь
Ґ  Б  Л  Ю  Р  М  Л  Ю  О  Я  И  Н  К  Р
К  Щ  Г  А  Т  О  Р  І  С  С  Л  Е  О  Д
Р  О  Н  Д  Т  Н  І  Щ  И  Щ  Ь  Ц  Ц  М
І  Е  М  К  Ц  Г  У  Т  Т  Т  К  Ь  А  Щ
П  О  Л  У  Н  И  Ц  Я  Ч  М  І  Н  Ь  Н
А  Х  П  Ґ  И  Н  Ь  Л  Ц  Х  Ґ  П  К  У
```

АБРИКОС	АРАХІС
ЯЧМІНЬ	ГРУША
ВАСИЛЬ	САЛАТ
МОРКВА	СІЛЬ
КОРИЦЯ	СУП
ЧАСНИК	ШПИНАТ
СІК	ПОЛУНИЦЯ
ЛИМОН	ЦУКОР
МОЛОКО	ТУНЕЦЬ
ЦИБУЛЯ	РІПА

2 - Castles

Л	Щ	Т	Е	П	Р	И	Н	Ц	Е	С	А	О	И
К	И	Я	Б	Л	А	Г	О	Р	О	Д	Н	И	Й
А	Т	Ц	Ф	Т	О	Л	К	І	Н	Ь	Д	К	С
Т	Д	І	А	П	Г	А	Д	Р	С	Р	О	Т
А	Ш	М	У	Р	В	А	В	Ц	У	С	А	Р	І
П	Н	П	Р	И	Н	Ц	К	П	К	Е	К	О	Н
У	М	Е	Ч	Ґ	Ч	П	А	Б	Е	Е	О	Н	А
Л	Б	Р	П	Ф	В	Ш	А	Р	П	Д	Н	А	Ь
Ь	Р	І	У	О	Е	Д	И	Н	А	С	Т	І	Я
Т	О	Я	И	Р	Ж	О	М	М	П	І	С	Ф	О
А	Н	Ф	П	Т	А	Є	Д	И	Н	О	Р	І	Г
Г	Я	М	А	Е	Д	Л	Е	А	Н	Ф	А	К	Ф
О	Ж	Ф	Я	Ц	Ш	Я	Ц	С	Л	Т	Т	А	Ц
Д	Ш	Х	Є	Я	Д	С	Л	Н	С	Б	Л	Ь	Щ

БРОНЯ
КАТАПУЛЬТА
КОРОНА
ДРАКОН
ДИНАСТІЯ
ІМПЕРІЯ
ФЕОДАЛ
ФОРТЕЦЯ
КІНЬ
ЛИЦАР

БЛАГОРОДНИЙ
ПАЛАЦ
ПРИНЦ
ПРИНЦЕСА
ЩИТ
МЕЧ
ВЕЖА
ЄДИНОРІГ
СТІНА

3 - Measurements

```
Б  В  Ш  И  Р  И  Н  А  О  М  Ю  Т  Д  А
С  А  Н  Т  И  М  Е  Т  Р  Б  У  Ц  Ю  Ч
Є  Г  Й  Ц  Ф  Е  С  Х  У  А  С  І  Й  Ч
К  А  М  Т  Е  Т  Ц  Ч  Е  П  В  Я  М  Д
Ь  У  Е  Ц  П  Р  У  С  Н  Х  К  Г  Г  Е
Ь  Н  Н  Х  В  И  Л  И  Н  А  І  Ц  Р  С
П  Ц  Ш  Д  И  Г  Т  Л  П  Д  Л  Д  А  Я
Л  І  Т  Р  С  Л  Б  О  Л  А  О  Д  М  Т
П  Я  Ь  Ь  О  И  Ц  Ж  Н  Л  Г  О  А  К
Ф  К  Ч  Д  Т  Б  М  О  М  Н  Р  В  С  О
Г  Ґ  Р  Н  А  И  К  Б  П  Г  А  Ж  А  В
С  Т  У  П  І  Н  Ь  И  Е  И  М  И  Р  И
О  Е  Н  Ь  Ф  А  Е  Ч  И  Ш  Є  Н  П  Й
С  С  К  І  Л  О  М  Е  Т  Р  М  А  Я  І
```

БАЙТ	ДОВЖИНА
САНТИМЕТР	ЛІТР
ДЕСЯТКОВИЙ	МАСА
СТУПІНЬ	МЕТР
ГЛИБИНА	ХВИЛИНА
ГРАМ	УНЦІЯ
ВИСОТА	ТОННА
ДЮЙМ	ОБСЯГ
КІЛОГРАМ	ВАГА
КІЛОМЕТР	ШИРИНА

4 - Farm #2

```
П К П У Д Ф Є У Щ Л У Г Ш Д
Ф А П М М Р І С Б Н Є Ж П Б
Е Ч С У К У А В Щ В В Ґ Ш У
Р К А Т К К В І В Ц Я Щ Е О
М А Р Е У Т З Р О Ш Е Н Н Я
Е В А Л К Х К Е Ґ Ф Г Ч И Г
Р І Й А У Ґ Х Щ Ю С С И Ц Н
Ї Т Ш М Р Ґ М О Л О К О Я Я
Ж Р Ч А У Б Ш Т А А Щ Д Ч Ч
А Я А Ф Д Ю Ф М В Т Ю Т М О
Ю К П І З І Д Я Г А Н М І В
Є Д О Ґ А І К Л К Ш Р Х Н О
Т Р А К Т О Р П Д Р Ь И Ь Ч
Ф Р У К Т О В И Й С А Д Н М
```

ТВАРИН	ЛАМА
ЯЧМІНЬ	ЛУГ
САРАЙ	МОЛОКО
КУКУРУДЗА	ФРУКТОВИЙ САД
КАЧКА	ВІВЦЯ
ФЕРМЕР	ПАСТУХ
ЇЖА	ТРАКТОР
ФРУКТ	ОВОЧ
ЗРОШЕННЯ	ПШЕНИЦЯ
ЯГНЯ	ВІТРЯК

5 - Books

```
Ч  С  П  Е  П  О  П  Е  Ї  С  С  Т  П  Л
П  Е  В  О  Є  О  У  Г  Є  Т  Р  Р  О  І
Ь  Р  Ґ  І  Е  Г  Ч  Ю  Ш  О  І  А  Д  Т
Ю  І  И  И  Д  З  Д  Е  Т  Р  С  Г  В  Е
Я  Я  Н  Г  К  П  І  Я  В  І  Т  І  І  Р
К  В  А  Ц  О  Я  О  Я  Н  Н  О  Ч  Й  А
О  Д  П  Н  Л  Д  Р  В  Ь  К  Р  Н  Н  Т
Н  Ш  И  Ц  Е  І  А  І  І  А  И  И  І  У
Т  Х  С  А  К  Ш  Є  Р  С  Д  Ч  Й  С  Р
Е  Ш  А  Б  Ц  Д  Є  Ш  Т  Ж  Н  Є  Т  Н
К  Ь  Н  Ґ  І  М  П  М  О  Ь  И  І  Ь  И
С  Ф  А  І  Я  Ч  О  Р  Р  П  Й  Н  И  Й
Т  П  Ц  Р  О  М  А  Н  І  Ч  И  Т  А  Ч
О  П  О  В  І  Д  А  Ч  Я  А  В  Т  О  Р
```

ПРИГОДА
АВТОР
КОЛЕКЦІЯ
КОНТЕКСТ
ПОДВІЙНІСТЬ
ЕПОПЕЇ
ІСТОРИЧНИЙ
ЛІТЕРАТУРНИЙ
ОПОВІДАЧ
РОМАН

СТОРІНКА
ВІРШ
ПОЕЗІЯ
ЧИТАЧ
ВІДПОВІДНІ
СЕРІЯ
ІСТОРІЯ
ТРАГІЧНИЙ
НАПИСАНА

6 - Meditation

```
Р О З У М Ш Я Г С Ф Г Д Е Г
У П О Д Я К А С Я Ґ Д У М С
Х М Ш К С У Ф Ж Н Г И М О Д
С Т Х Ф Я Ш К Р Р І А К Ц И
П Р И Й Н Я Т Т Я У С И І Х
І Ґ Є Ш Д О Б Р О Т А Т Ї А
В Є Я Е А Б О Ю Г П Ю Ц Ь Н
Ч А Е Р Н Н М У З И К А И Н
У У В А Г А И Я С В Ш Ґ І Я
Т Б Ґ П Р И Р О Д А И Н Р Б
Т Р О З У М О В И Й У Ч Щ М
Я П Е Р С П Е К Т И В А К Щ
П Р О К И Н У Т И С Я Є М И
С П О К І Й Н И Й Д Л Е К М
```

ПРИЙНЯТТЯ	ДОБРОТА
УВАГА	РОЗУМОВИЙ
ПРОКИНУТИСЯ	РОЗУМ
ДИХАННЯ	РУХ
СПОКІЙНИЙ	МУЗИКА
ЯСНІСТЬ	ПРИРОДА
СПІВЧУТТЯ	МИР
ЕМОЦІЇ	ПЕРСПЕКТИВА
ПОДЯКА	ТИША
ЗВИЧКИ	ДУМКИ

7 - Days and Months

```
М Ч К Т У К К Ш И Ч С Е Ч Е
І Е М Ч Ь С І В Ф Ф Ф П Н Л
С Т Н Н Ю У М С І Ч Е Н Ь В
Я В Н Я И Б М П Я Т Н И Ц Я
Ц Е А Р Ш О Ж Ш Ч И Е Н М Б
Ь Р Л Л Ц Т Є И П Ж Н Н Е Е
В І Р И К А Л Е Н Д А Р Ь Р
Е Ь Р С П Ж О В Т Е Н Ь Н Е
Р И С Т Ж Е І М Ц Н Е Т Л З
Е Я Е О Ґ Є Н І М Ь Д У В Е
С Е Р П Е Н Ь Ь Ґ Е І Х Ш Н
Е Р Е А Л Ю Т И Й Щ Л Р С Ь
Н І Д Д О Р Т Р В Ю Я Д Х У
Ь К А Ж П О Н Е Д І Л О К Ц
```

КВІТЕНЬ	ЛИСТОПАД
СЕРПЕНЬ	ЖОВТЕНЬ
КАЛЕНДАР	СУБОТА
ЛЮТИЙ	ВЕРЕСЕНЬ
П'ЯТНИЦЯ	НЕДІЛЯ
СІЧЕНЬ	ЧЕТВЕР
ЛИПЕНЬ	СЕРЕДА
БЕРЕЗЕНЬ	ТИЖДЕНЬ
ПОНЕДІЛОК	РІК
МІСЯЦЬ	

8 - Chess

```
К О Р О Л Ь Т Г Ю Б Н И Д Н
О Л П Ґ С І Н Ч Д Д С Н І І
Ж Е Р Т В У В А Т И Р О А О
К О Н К У Р С С М Ж Ґ Р Г П
И Ш В Л В Ю Г А Т Ю Ж Є О О
Ю Г Є Ь Ч П Р А В И Л А Н Н
Е А Д Д И Е А У Ч Ь Р П А Е
Т У Р Н І Р М Ч А К О Р Л Н
Г Р А В Е Ц Ь П В К З О Ь Т
П А С И В Н И Й І Ц У Б І Є
К О Р О Л Е В А И О М Л Ю Ь
Ч О Р Н И Й В Х И Ц Н Е Р В
С Т Р А Т Е Г І Я Ц И М Щ Е
К Я К Ч К Ж Б І Л И Й И Л Ь
```

ЧОРНИЙ	ПАСИВНИЙ
ПРОБЛЕМИ	ГРАВЕЦЬ
ЧЕМПІОН	КОРОЛЕВА
РОЗУМНИЙ	ПРАВИЛА
КОНКУРС	ЖЕРТВУВАТИ
ДІАГОНАЛЬ	СТРАТЕГІЯ
ГРА	ЧАС
КОРОЛЬ	ТУРНІР
ОПОНЕНТ	БІЛИЙ

9 - Food #2

```
У Є Б Х Д Д И А М Ц В У П Р
Б Р О К О Л І Р Щ К Г М О Б
Л Ф Е У Ь Ф Д Т Я В Г С М Ч
К Є О Р Ч Р С И Р И Б А І Є
Ц І И К Ш Ґ Е Ш И Н К А Д Б
Є Щ В А Ш І Л О К О Ж М О А
Р Т Ь І Н Я Е К В Г В М Р К
Е И Ч В Ь Л Р Е И Р Є Є Г Л
Ц Р С Ф С В А У Ш А Б Ш Р А
Ш О К О Л А Д Н Н Д А Ч И Ж
Я Б Л У К О Є Г Я О Н Р Б А
Р Й П Ш Е Н И Ц Я О А Г У Н
І Т Ц Й О Г У Р Т Р Н Ю Є Т
Л Н И Е Е Д Ч Ю Г Т Ю Я П Ц
```

ЯБЛУКО	БАКЛАЖАН
АРТИШОК	РИБА
БАНАН	ВИНОГРАД
БРОКОЛІ	ШИНКА
СЕЛЕРА	КІВІ
СИР	ГРИБ
ВИШНЯ	РИС
КУРКА	ПОМІДОР
ШОКОЛАД	ПШЕНИЦЯ
ЯЙЦЕ	ЙОГУРТ

10 - Family

```
Д  Ф  П  Д  Є  Л  Д  Ь  Б  П  К  М  Ґ  С
И  Ґ  Л  Б  Р  А  Т  Х  А  Л  У  А  В  Е
Т  А  Е  А  О  Н  У  К  Т  Е  З  Т  Ш  С
И  М  М  Т  І  Т  К  А  Ь  М  Е  Е  Б  Т
Н  Ч  І  Ь  Д  Ф  Ф  М  К  І  Н  Р  Л  Р
С  Р  Н  К  Г  І  Р  О  І  Н  Д  И  Ч  А
Т  Ц  Н  О  Б  М  Т  Ц  В  Н  Р  Н  О  Д
В  Ь  И  М  Р  Х  Ф  И  С  И  У  С  Л  Я
О  Х  К  Л  Ш  Ф  Л  Є  Ь  Ц  Ж  Ь  О  Д
П  Р  Е  Д  О  К  Щ  Е  К  Я  И  К  В  Ь
Ж  Є  Р  Т  Ґ  А  Ц  А  И  М  Н  И  І  К
Б  Х  Е  П  Ю  Щ  К  Е  Й  Г  А  Й  К  О
Д  І  Д  О  Ч  К  А  П  Ц  В  О  Т  Х  В
Д  И  Т  И  Н  А  Г  Ч  Ш  Х  Т  Ж  И  І
```

ПРЕДОК	ДІД
ТІТКА	ЧОЛОВІК
БРАТ	МАТЕРИНСЬКИЙ
ДИТИНА	МАТИ
ДИТИНСТВО	ПЛЕМІННИК
ДІТИ	ПЛЕМІННИЦЯ
КУЗЕН	БАТЬКІВСЬКИЙ
ДОЧКА	СЕСТРА
БАТЬКО	ДЯДЬКО
ОНУК	ДРУЖИНА

11 - Farm #1

Ю	У	К	І	Н	Ь	П	А	Р	К	А	Н	С	Ь
Н	А	С	І	Н	Н	Я	О	Л	П	П	Ц	Ф	І
О	Є	Ґ	І	Т	Б	Р	Ч	Л	Т	Е	Л	Я	О
К	Р	В	Х	Н	В	О	Д	А	Е	С	И	Ф	Ш
О	Є	С	Н	Д	О	К	Д	О	Б	Р	И	В	О
З	Г	Р	А	Я	Р	І	Щ	А	Д	И	Р	Т	Б
А	У	Є	Ґ	Ж	О	Ш	Щ	Ь	Ж	С	П	Л	Ш
Я	Т	Б	Є	В	Н	К	О	Р	О	В	А	Є	Д
Р	К	У	Р	К	А	А	Ц	Б	Л	Н	Є	Ч	Б
Ь	П	Ґ	Д	К	Щ	Щ	М	И	А	К	О	М	Е
І	К	У	А	В	С	М	Щ	Ю	К	Х	І	Д	Н
У	Ц	П	Е	И	Р	Д	Ф	О	Є	Є	Х	Р	Н
Е	И	Щ	Е	К	Б	Щ	М	Е	Д	Н	Ч	Я	Ц
Ш	А	О	П	Я	Л	Ґ	К	Ю	О	С	Е	Л	С

БДЖОЛА	ДОБРИВО
ЗУБР	ПОЛЕ
ТЕЛЯ	ЗГРАЯ
КІШКА	КОЗА
КУРКА	СІНО
КОРОВА	МЕД
ВОРОНА	КІНЬ
ПЕС	РИС
ОСЕЛ	НАСІННЯ
ПАРКАН	ВОДА

12 - Camping

```
Д Е Р Е В А Ф Т В О Г О Н Ь
П Р И Р О Д А Л В Р Я С Ю К
Ц Ґ О П З Н Т А О А У Г Т В
К А Н О Е Щ А Д М Ґ Р И О Е
А М У Л Р І Л Ф А Я Ь И Ґ С
Б Ж Є Ю О Е П Е К П Е Т Н Е
І Ь Х В Б Щ Р Г А М А К Б Л
Н Ц Ч А Е Ь И К Р Я О Г Ш О
А Н Л Н Ч К Г Б Т Ч У Л А Щ
Ш А Ь Н Ю К О М А Х А Ц І І
Г М Ц Я Д К Д М І С Я Ц Ь С
О Е О Ш П Л А Х П В С Ж А Г
Р Т М О Т У З К А А Б І Ч Є
А Ю К А П Е Л Ю Х Щ С А П А
```

ПРИГОДА	ПОЛЮВАННЯ
ТВАРИН	КОМАХА
КАБІНА	ОЗЕРО
КАНОЕ	КАРТА
КОМПАС	МІСЯЦЬ
ВОГОНЬ	ГОРА
ЛІС	ПРИРОДА
ВЕСЕЛОЩІ	МОТУЗКА
ГАМАК	НАМЕТ
КАПЕЛЮХ	ДЕРЕВА

13 - Cats

```
С  Ц  Ц  Е  Р  Т  Л  Б  Ф  В  А  М  Ґ  И
Н  О  Ч  І  К  Т  С  Е  П  Є  Б  Ь  Р  Ж
М  Е  Р  Н  К  Ч  О  Ь  С  П  И  Є  Ф  Ю
И  Х  З  О  Б  А  Д  Ч  Ч  Г  Ж  А  Н  Ґ
С  Н  М  А  М  Ш  В  И  Д  К  О  Ґ  Ж  А
Л  Г  И  В  Л  Я  Д  И  К  И  Й  Е  Х  Х
И  Г  Я  Р  Т  Е  З  Р  Й  П  Р  Я  Ж  А
В  С  П  А  Т  И  Ж  Л  Х  У  Т  Р  О  Ц
Е  Г  И  К  Є  Г  Н  Н  И  Ф  Ґ  Ш  М  Л
Ц  Т  Г  Г  Р  А  Й  Л  И  В  И  Й  И  А
Ь  Ц  Щ  І  Я  Щ  А  Ш  Ч  Й  И  Ч  Ш  П
О  С  О  Б  И  С  Т  О  С  Т  І  Й  А  А
Б  О  Ж  Е  В  І  Л  Ь  Н  И  Й  Ю  Ш  Ф
М  А  Л  Е  Н  Ь  К  И  Й  Х  В  І  С  Т
```

БОЖЕВІЛЬНИЙ	ЛАПА
ЦІКАВИЙ	ОСОБИСТОСТІ
ШВИДКО	ГРАЙЛИВИЙ
ХУТРО	СОРОМ'ЯЗЛИВИЙ
МИСЛИВЕЦЬ	СПАТИ
НЕЗАЛЕЖНИЙ	ХВІСТ
МАЛЕНЬКИЙ	ДИКИЙ
МИША	ПРЯЖА

14 - Numbers

```
Ш Д А Ш О Д И Н Я Б Б Д С Д
І Е Ш Ц Д Є Е Б Е А Т В І Е
С В І С І М К С Г И Д А М В
Т Я Ю Ю П Є Н Х Я П В Д Н Я
Н Т Т А Л У И Т П Т А Ц А Т
А Н Ц Р Б Ш Ю П Я Т Ь Я Д Ь
Д А П П И Т Ц Я Т В Р Т Ц Я
Ц Д Ґ І М К Ю Х Н Ю Ж Ь Я О
Я Ц В І С І М Н А Д Ц Я Т Ь
Т Я Ш Т Р И Н А Д Ц Я Т Ь С
Ь Т Ж І М Ч У С Ц Ш В Е Б І
Р Ь Х Л С К Ц Е Я Є Б Л Ж М
Д Ж А Я Е Т Ч О Т И Р И Е Є
Л Ц Л Ю К Ґ Ь Ш Ь О О Т Х Д
```

ВІСІМ	СІМНАДЦЯТЬ
ВІСІМНАДЦЯТЬ	ШІСТЬ
П'ЯТНАДЦЯТЬ	ШІСТНАДЦЯТЬ
П'ЯТЬ	ДЕСЯТЬ
ЧОТИРИ	ТРИНАДЦЯТЬ
ДЕВ'ЯТЬ	ТРИ
ДЕВ'ЯТНАДЦЯТЬ	ДВАДЦЯТЬ
ОДИН	ДВА
СІМ	

15 - Spices

```
Г  І  Б  Ш  А  Ф  Р  А  Н  С  Є  С  П  К
І  В  М  Н  Щ  П  Е  Р  Е  Ц  Ь  І  А  О
Р  В  О  Б  К  К  А  Н  Б  Ж  Г  Л  П  Р
К  А  Д  З  И  О  Н  П  Х  Ж  А  Ь  Р  І
И  Н  Х  И  Д  Р  І  Л  Л  Е  И  П  И  А
Й  І  Ж  В  Ш  И  С  П  Ж  Х  Л  В  К  Н
Ч  Л  П  Я  Ґ  Ц  К  А  Р  Р  І  Ь  А  Д
А  І  Ш  Д  Ж  Я  М  А  Р  О  М  А  Т  Р
С  О  Л  О  Д  К  И  Й  Ц  И  Б  У  Л  Я
Н  Р  Т  Д  Х  Д  Н  С  О  Л  О  Д  К  А
И  О  Г  Ш  Е  К  А  Р  Д  А  М  О  Н  И
К  Я  Є  Г  Ц  Р  А  Ю  Щ  Ґ  Я  П  Я  И
Є  Ч  І  Е  К  Є  Ц  Ж  Ю  Ґ  А  Р  С  Ч
Ш  Л  Ц  Л  Ш  И  Я  О  А  Р  М  С  Ж  Е
```

АНІС	ЧАСНИК
ГІРКИЙ	ІМБИР
КАРДАМОН	СОЛОДКА
КОРИЦЯ	ЦИБУЛЯ
ГВОЗДИКА	ПАПРИКА
КОРІАНДР	ПЕРЕЦЬ
КМИН	ШАФРАН
КАРРІ	СІЛЬ
ФЕНХЕЛЬ	СОЛОДКИЙ
АРОМАТ	ВАНІЛІ

16 - Mammals

```
Г  Ж  Ч  Ч  Ю  Х  К  Р  К  І  Ш  К  А  З
В  О  В  К  Ж  Ф  Я  П  В  Р  Л  О  Р  Е
І  Ь  Р  О  Ю  Н  А  С  Е  Т  О  И  Х  Б
В  Ц  Ш  И  Б  И  К  П  Д  А  Л  Л  Л  Р
Ц  П  К  Ц  Л  Д  Ц  Б  М  И  Е  Ш  И  А
Я  П  Т  Е  Р  А  Е  Б  І  К  В  И  П  К
Л  И  С  И  Ц  Я  Ш  Л  Д  И  Ю  С  Е  М
К  О  Й  О  Т  Ф  Я  Б  Ь  Т  Р  Л  С  С
Б  О  Б  Е  Р  Ч  О  И  А  Ф  Б  О  Ж  М
М  А  В  П  А  Ґ  Е  І  Р  К  І  Н  Ь  Ч
Е  А  А  Б  Ж  Ц  Ж  И  Р  А  Ф  Н  І  Ю
Ф  М  Г  Ю  Є  В  Б  Ф  А  У  Б  Ф  Д  Ж
Б  Ш  Ґ  І  Ґ  Ш  М  П  Щ  К  Д  Ю  С  Н
К  Е  Н  Г  У  Р  У  К  Ю  Є  И  И  Ш  Р
```

ВЕДМІДЬ	ГОРИЛА
БОБЕР	КІНЬ
БИК	КЕНГУРУ
КІШКА	ЛЕВ
КОЙОТ	МАВПА
ПЕС	КРОЛИК
ДЕЛЬФІН	ВІВЦЯ
СЛОН	КИТ
ЛИСИЦЯ	ВОВК
ЖИРАФ	ЗЕБРА

17 - Fishing

```
К  Ч  Є  Ш  Ф  А  В  П  Р  И  Н  А  Д  А
Р  О  О  А  І  Ш  А  Л  М  Л  У  А  П  Р
Е  З  Ш  В  Д  Н  Г  Я  У  М  Ж  Л  Е  І
Я  Е  Ш  И  Е  Г  И  Ж  В  Ю  Б  Т  Р  Ч
Д  Р  І  Т  К  Н  О  П  В  У  Я  Е  Е  К
И  О  Є  Ц  Н  П  Б  У  У  Т  Щ  Р  Б  А
Щ  Е  Л  Е  П  А  Л  Г  О  С  Я  П  І  Е
Г  А  К  Л  О  Я  А  В  Б  Ж  Х  І  Л  Е
К  Є  Г  И  П  Ц  Д  О  К  Е  А  Н  Ь  І
Д  У  С  Е  З  О  Н  Є  Я  Х  М  Н  Ш  О
Ч  Н  Х  С  Я  Е  А  Є  К  А  А  Я  Е  П
А  А  Ж  А  Б  Б  Н  Я  Ц  Ь  Ц  Ю  Н  І
Ч  С  С  Д  Р  Я  Н  В  А  Г  А  О  Н  Д
С  В  О  Д  А  Ш  Я  С  І  М  Ф  Ж  Я  Р
```

ПРИНАДА	ОЗЕРО
КОШИК	ОКЕАН
ПЛЯЖ	ТЕРПІННЯ
ЧОВЕН	РІЧКА
КУХАР	ВАГИ
ОБЛАДНАННЯ	СЕЗОН
ПЕРЕБІЛЬШЕННЯ	ВОДА
ЗЯБРА	ВАГА
ГАК	ДРІТ
ЩЕЛЕПА	

18 - Restaurant #1

```
Ж Ю Т В С Е Д Х Б Х Т С К Д
А Д Д Ь Н У Е Р Р Є Р Е У О
К А В А І І С Ь О Є І Р Р Ф
П А А Ж Ж І Е І Н И Ч В К І
К Т С Л Ґ Н Р Р Ю М Л Е А Ц
Ф Ж П И Е Г Т Г В Ч А Т Л І
Щ Ч Г Г Р І Х А Т Т К Ь А
К У Х Н Я Е Г Л Н Г Р А Ж Н
Ї Г Л Щ А Д О І Н Ч П П Б Т
Ж М Е Н Ю І С Б Я С О У С К
А Я Ш А Б Є Т А Р І Л К А А
О С Т Б Л Н Р Ж С К Е І Л Ґ
Є О Н Л В Т И Щ Ч Ч К Ш Х Ф
Я І С Н Е И Й І Д Ч А Ш А І
```

АЛЕРГІЯ	НІЖ
ЧАША	М'ЯСО
ХЛІБ	МЕНЮ
КАСИР	СЕРВЕТКА
КУРКА	ТАРІЛКА
КАВА	БРОНЮВАННЯ
ДЕСЕРТ	СОУС
ЇЖА	ГОСТРИЙ
ІНГРЕДІЄНТИ	ОФІЦІАНТКА
КУХНЯ	

19 - Bees

К	Р	Ч	Ц	К	А	П	К	Ю	В	І	С	К	Ц
В	В	А	Б	У	О	Ф	Г	Ф	М	Є	А	О	В
У	Ц	І	Ї	Ж	А	Р	І	Й	Д	И	У	М	І
Л	З	Ч	Т	К	Ю	У	О	К	Р	И	Л	А	Т
И	А	Х	Д	И	М	К	Ю	Л	Л	Г	М	Х	П
К	П	В	У	Ш	Ц	Т	Х	Ь	Е	Ь	Е	А	И
В	И	Г	І	Д	Н	И	Й	Х	И	В	Д	Ч	Л
Х	Л	Д	В	Н	Д	Р	Ч	Є	Л	С	А	Р	О
Т	Ь	Є	С	А	Т	О	С	Ж	Р	Г	О	Ф	К
Н	Н	Ю	А	Т	Ж	С	О	Н	Ц	Е	Я	Ю	Є
С	И	И	Д	О	С	Л	Я	Щ	У	Ш	У	Н	Л
У	К	Е	К	О	С	И	С	Т	Е	М	А	Д	Л
С	Ц	Ш	Ь	Ю	Т	Н	Г	Е	Щ	Ш	У	С	Ю
О	Я	Ю	Ф	Я	К	И	Є	Ш	И	Б	С	Н	Ґ

ВИГІДНИЙ
ЦВІТ
ЕКОСИСТЕМА
КВІТИ
ЇЖА
ФРУКТ
САД
ВУЛИК
МЕД
КОМАХА

РОСЛИНИ
ПИЛОК
ЗАПИЛЬНИК
КОРОЛЕВА
ДИМ
СОНЦЕ
РІЙ
ВІСК
КРИЛА

20 - Sports

```
Ч К Р Ч С Т А Д І О Н С Ь Г
Е Ґ Х У Ь П К О М А Н Д А І
М Ґ Ж О Х Г О Т Р Е Н Е Р М
П Б Х Х Ш Щ Г Р Щ К Ф Б Г Н
І Т Д Г О Л Ь Ф Т Ж Ю А А А
О У Щ Ц К К Б Щ Е С В С Г С
Н Ґ Г Р А В Е Ц Ь О М К І Т
А О Р Т Ь Ж Й Й Р Щ Я Е М И
Т С В Е Л О С И П Е Д Т Н К
Г Р А Н Н Ж Б У А Щ Л Б А А
Л Н Ґ І Ж С О Є М Т Щ О З Р
Ш Т Є С О Ш Л Є К Ю Б Л І Т
П Л А В А Т И Я С У Д Д Я Ц
П Е Р Е М О Ж Е Ц Ь К І Х Ч
```

СПОРТСМЕН   ХОКЕЙ
БЕЙСБОЛ   РУХ
БАСКЕТБОЛ   ГРАВЕЦЬ
ВЕЛОСИПЕД   СУДДЯ
ЧЕМПІОНАТ   СТАДІОН
ТРЕНЕР   КОМАНДА
ГРА   ТЕНІС
ГОЛЬФ   ПЛАВАТИ
ГІМНАЗІЯ   ПЕРЕМОЖЕЦЬ
ГІМНАСТИКА

21 - Weather

```
Т  Е  М  П  Е  Р  А  Т  У  Р  А  П  В  Б
Р  Ж  О  Т  О  Р  Н  А  Д  О  Т  О  І  Л
Л  Е  Ч  У  Щ  І  Х  Ф  У  А  Р  Л  Т  И
Ш  Т  Ж  О  Ч  А  У  Г  В  Т  О  Я  Е  С
П  Х  М  А  Р  А  К  Р  Х  М  П  Р  Р  К
Ю  О  Є  С  М  К  Л  И  Ь  О  І  Н  Н  А
Т  Я  С  Б  А  Ц  Н  М  Г  С  Ч  И  К  В
Ф  Є  Ж  У  Р  А  Г  А  Н  Ф  Н  Й  Л  К
Н  Ґ  Е  Р  Х  Ф  С  Н  Ш  Е  И  Є  І  А
Ю  Е  Ц  Ж  И  А  Ь  У  С  Р  Й  Щ  М  Т
И  С  Б  Р  И  З  Б  Б  Х  А  Ь  У  А  У
Є  Щ  Ц  О  О  Ч  Х  О  Л  І  Д  У  Т  М
В  Е  С  Е  Л  К  А  Т  Ь  Я  Р  Х  Ж  А
О  У  М  Ц  В  І  Д  М  У  С  О  Н  Р  Н
```

АТМОСФЕРА	МУСОН
БРИЗ	ПОЛЯРНИЙ
КЛІМАТ	ВЕСЕЛКА
ХМАРА	НЕБО
ПОСУХА	БУР
СУХІ	ТЕМПЕРАТУРА
ТУМАН	ГРИМ
УРАГАН	ТОРНАДО
ЛІД	ТРОПІЧНИЙ
БЛИСКАВКА	ВІТЕР

22 - Adventure

М	Р	П	І	Д	Г	О	Т	О	В	К	А	Т	Х
М	А	Р	Ш	Р	У	Т	Б	С	П	Е	Р	Р	О
Щ	Д	Ь	Т	М	Ш	А	Н	С	А	К	Ш	У	Р
Б	І	І	Ґ	О	У	М	Є	Ц	Г	С	В	Д	О
Е	С	Е	Я	Ж	Є	Р	Р	Р	И	К	Ґ	Н	Б
З	Т	Н	Ж	Л	В	Ю	Ж	Д	Р	У	З	І	Р
П	Ь	Т	Т	И	Ь	П	О	М	Ф	Р	Ш	С	І
Е	О	У	П	В	У	Н	Р	С	Ь	С	Ш	Т	С
К	Р	З	Є	І	Е	О	І	И	Е	І	О	Ь	Т
А	Р	І	Я	С	И	В	Ф	С	Р	Я	Ь	М	Ь
Ь	О	А	Ш	Т	Ґ	И	Л	Є	Т	О	Ф	Ч	О
Е	У	З	С	Ь	Ш	Й	І	Є	О	Ь	Д	Л	Ж
К	Л	М	Н	А	В	І	Г	А	Ц	І	Я	А	Щ
П	Р	И	З	Н	А	Ч	Е	Н	Н	Я	С	Е	Т

ДІЯЛЬНІСТЬ	МАРШРУТ
КРАСА	РАДІСТЬ
ХОРОБРІСТЬ	ПРИРОДА
ШАНС	НАВІГАЦІЯ
ПРИЗНАЧЕННЯ	НОВИЙ
ТРУДНІСТЬ	МОЖЛИВІСТЬ
ЕНТУЗІАЗМ	ПІДГОТОВКА
ЕКСКУРСІЯ	БЕЗПЕКА
ДРУЗІ	

23 - Circus

А	К	Р	О	Б	А	Т	Е	С	І	А	Е	Д	Р
Н	О	Л	И	Р	Б	П	Д	Д	Ш	Б	Т	П	Ж
І	П	Р	О	З	В	А	Ж	А	Т	И	М	О	О
И	Ц	Щ	П	У	В	Ю	Е	К	Ц	Ф	К	К	Н
Я	Ч	Я	Я	М	Н	О	О	В	Ь	Н	С	А	Г
А	Ю	Ш	Н	А	М	Е	Т	И	П	Ш	Л	З	Л
Ш	М	Я	Я	В	К	О	С	Т	Ю	М	О	А	Е
Д	І	Г	И	П	М	И	Д	О	Ю	М	Н	Т	Р
Ш	Я	Л	В	А	К	Л	В	К	Ч	А	Т	И	П
Ю	Е	Є	Г	Г	Л	Я	Д	А	Ч	Г	І	Г	Я
М	У	З	И	К	А	Е	П	А	Р	А	Д	И	В
Ц	У	К	Е	Р	К	И	В	Т	В	А	Р	И	Н
Ш	Н	Х	К	Д	Т	И	Г	Р	Б	В	Е	А	П
Ю	У	М	А	Г	І	Я	К	І	М	Є	И	Д	Ц

AКРОБАТ
ТВАРИН
ЦУКЕРКИ
КЛОУН
КОСТЮМ
СЛОН
РОЗВАЖАТИ
ЖОНГЛЕР
ЛЕВ
МАГІЯ

МАГ
МАВПА
МУЗИКА
ПАРАД
ПОКАЗАТИ
ГЛЯДАЧ
НАМЕТ
КВИТОК
ТИГР

24 - Restaurant #2

```
І  Я  У  Н  У  Н  К  Ф  І  Г  Ґ  И  Т  Г
С  М  А  Ч  Н  И  Й  Р  И  Б  А  Ґ  Ь  Т
П  Ф  Д  І  К  Є  И  У  І  Л  О  Ж  К  А
Е  Ц  Д  І  К  В  Ь  К  Т  С  Б  Я  Ц  І
Ц  К  С  Е  А  И  Е  Т  Ь  Ф  Л  Ґ  В  Ш
І  Ц  А  Ю  Р  Л  Ц  Ч  Т  М  Е  О  О  С
Ї  У  Л  Т  О  К  Е  К  Е  О  Б  І  Д  І
Д  У  А  К  В  А  Щ  М  У  Р  Р  І  А  Л
И  Я  Т  Л  О  К  Ш  И  Н  А  Я  Т  В  Ь
Є  И  Є  Р  Ч  Е  Н  Р  Ц  Щ  Л  Ц  Д  А
Ч  М  Ц  И  І  Р  А  І  Ь  Ш  Е  І  Х  Щ
И  С  П  Т  Я  Є  П  О  Г  Б  Л  І  Д  У
Е  У  Ф  Ґ  О  Ф  І  Ц  І  А  Н  Т  Ч  Ґ
Н  П  Є  Ч  Ф  Я  Й  Ц  Я  Ь  Ч  К  И  Є
```

НАПІЙ	ОБІД
ТОРТ	ЛОКШИНА
КРІСЛО	САЛАТ
СМАЧНИЙ	СІЛЬ
ВЕЧЕРЯ	СУП
ЯЙЦЯ	СПЕЦІЇ
РИБА	ЛОЖКА
ВИЛКА	ОВОЧІ
ФРУКТ	ОФІЦІАНТ
ЛІД	ВОДА

25 - Geology

```
С  У  С  Е  Щ  Ж  И  К  Б  С  М  К  Я  М
Р  К  А  Л  Р  Н  Н  С  К  С  І  Ю  Ш  І
Ш  А  Р  В  А  О  М  Т  С  Т  Г  Л  Ф  Н
К  В  А  Р  Ц  В  З  А  В  А  Е  Ю  Ь  Е
О  К  Ш  Ф  Х  Б  А  І  В  Л  Й  Л  Л  Р
Т  Р  Ш  П  Л  А  Т  О  Я  А  З  І  Ч  А
В  И  К  О  П  Н  И  Й  П  К  Е  И  К  Л
К  С  И  Ц  И  К  Л  І  В  Т  Р  Е  А  И
А  Т  С  Л  Ф  Р  С  В  У  И  Ж  Ц  М  Ч
Л  А  Л  Н  Ь  У  Х  Р  Д  Т  Н  П  І  Ж
Ь  Л  О  К  О  Р  А  Л  О  В  И  Й  Н  Ц
Ц  И  Т  З  Е  М  Л  Е  Т  Р  У  С  Ь  Щ
І  В  А  К  О  Н  Т  И  Н  Е  Н  Т  А  С
Й  П  Е  Ч  Е  Р  А  В  У  Л  К  А  Н  Ж
```

КИСЛОТА	ГЕЙЗЕР
КАЛЬЦІЙ	ЛАВА
ПЕЧЕРА	ШАР
КОНТИНЕНТ	МІНЕРАЛИ
КОРАЛОВИЙ	ПЛАТО
КРИСТАЛИ	КВАРЦ
ЦИКЛІВ	СІЛЬ
ЗЕМЛЕТРУС	СТАЛАКТИТ
ЕРОЗІЯ	КАМІНЬ
ВИКОПНИЙ	ВУЛКАН

26 - House

Д	И	І	Ґ	О	И	Л	Б	Б	П	Ш	М	Д	І
З	Д	А	Х	Б	І	Б	Л	І	О	Т	Е	К	А
Е	П	У	Г	Я	Ж	В	Г	Щ	В	О	Б	І	Щ
Р	Щ	А	О	Я	А	Л	К	Л	Е	Р	Л	М	О
К	Е	Е	Р	Ч	С	П	Ш	О	Р	И	І	Н	Д
А	Я	І	И	К	Л	Ю	Ч	І	Х	Ч	В	А	У
Л	Е	Ч	Щ	У	А	В	Ч	Ш	О	Т	І	Т	Ш
О	Д	Н	Е	Х	Ш	Н	Г	Р	К	Г	К	А	К
С	Щ	В	Р	Н	М	І	У	Ґ	А	Ч	Н	Є	Т
Т	Є	П	Е	Я	Е	Т	Е	М	М	Л	О	С	Е
І	Р	В	І	Р	Я	М	С	Б	І	А	К	Ь	Т
Н	Р	С	Щ	М	І	Т	Л	А	Н	М	Б	Ш	Н
А	Ж	І	Х	Ф	Д	В	Є	Л	Д	П	Т	Ж	І
Г	А	Р	А	Ж	Є	К	Ц	Р	Е	А	Ж	Ґ	П

ГОРИЩЕ	КЛЮЧІ
МІТЛА	КУХНЯ
ШТОРИ	ЛАМПА
ДВЕРІ	БІБЛІОТЕКА
ПАРКАН	ДЗЕРКАЛО
КАМІН	ДАХ
ПОВЕРХ	КІМНАТА
МЕБЛІ	ДУШ
ГАРАЖ	СТІНА
САД	ВІКНО

27 - Comedy

```
Г  Д  А  І  У  Г  Р  О  З  У  М  Н  И  Й
Н  Б  Е  Ю  У  У  Я  Ю  О  Е  О  Г  Д  М
Т  Г  Ь  К  Щ  М  О  Л  Щ  Ш  П  Н  Є  И
А  Ж  А  Н  Р  О  С  М  І  Х  Л  П  Л  Ж
Е  Ь  Ф  П  А  Р  О  Д  І  Я  Е  Є  Н  Ю
Ж  А  У  Д  И  Т  О  Р  І  Я  С  О  Ф  Ц
В  А  А  К  Т  Р  И  С  А  А  К  Т  О  Р
К  Е  Р  Т  Е  А  Т  Р  Г  Я  И  Х  А  Х
Л  Г  С  Т  Е  Л  Е  Б  А  Ч  Е  Н  Н  Я
О  Т  Н  Е  И  В  И  Р  А  З  Н  И  Й  Л
У  Є  В  С  Л  С  Р  П  М  Я  Д  Д  Ш  Ф
Н  І  М  П  Р  О  В  І  З  А  Ц  І  Я  К
И  Е  Щ  Х  Е  Н  Щ  О  Я  Ь  А  Ч  М  Ф
И  Ц  К  А  Х  Ю  Ш  І  М  М  А  А  Ш  Я
```

АКТОР	ЖАНР
АКТРИСА	ГУМОР
ОПЛЕСКИ	ІМПРОВІЗАЦІЯ
АУДИТОРІЯ	ЖАРТИ
РОЗУМНИЙ	СМІХ
КЛОУНИ	ПАРОДІЯ
ВИРАЗНИЙ	ТЕЛЕБАЧЕННЯ
ВЕСЕЛОЩІ	ТЕАТР

28 - Bathroom

```
Ц  Е  Р  У  Ш  Н  И  К  Б  В  А  Н  Н  А
Ц  Н  О  Х  Ю  Ь  І  Г  У  Ф  О  Ь  А  О
Ш  Щ  Ґ  Б  Ш  Д  М  Є  Л  Ь  М  Д  У  Ш
А  Ю  Ґ  Ґ  Х  З  Ш  А  Ь  С  Х  Х  А  К
М  Т  У  А  Л  Е  Т  П  Б  Я  А  Д  У  К
П  Г  Д  Ч  Ш  Р  Л  П  А  Р  Ф  У  М  И
У  У  П  Щ  Т  К  В  И  Ш  С  Н  Х  Б  Л
Н  Б  Н  Г  Т  А  В  Н  К  Н  Н  Б  Ц  И
Ь  К  М  О  Н  Л  Ю  Ь  И  К  Щ  С  Б  М
А  А  И  Ф  Ж  О  Л  О  С  Ь  Й  О  Н  О
П  Ь  Л  Щ  К  И  Б  Ж  В  П  Ч  Ф  К  К
П  Ц  О  Е  Р  О  Ц  Ц  О  О  А  Р  Р  Б
В  Н  Ж  К  Р  Н  Ч  І  І  И  Х  Р  А  Г
Ю  В  Ь  Ю  Х  І  Є  Е  Ч  М  Ґ  П  Н  Г
```

ВАННА	ШАМПУНЬ
БУЛЬБАШКИ	ДУШ
КРАН	МИЛО
ЛОСЬЙОН	ГУБКА
ДЗЕРКАЛО	ПАР
ПАРФУМИ	ТУАЛЕТ
КИЛИМОК	РУШНИК
НОЖИЦІ	ВОДА

29 - School #1

```
О  Ч  Ґ  Л  О  Ч  О  Г  В  А  М  М  С  П
Є  Л  К  К  У  Б  В  М  Е  Л  В  А  К  И
К  Р  І  С  Л  О  І  М  С  Ф  Р  Т  Н  С
Ю  Я  Г  В  О  Я  Ю  Д  Е  А  У  Е  И  А
Ґ  П  О  І  Е  У  Е  Р  Л  В  Ч  М  Г  Т
Є  Г  А  Х  Л  Ц  Е  У  О  І  К  А  И  И
Ц  Т  Х  П  Щ  Ж  Ь  З  Щ  Т  И  Ж  Н
Р  И  Б  Щ  І  Б  Е  І  І  Д  Є  И  Т  Б
П  А  П  К  И  Р  О  Ч  Х  Е  Ю  К  І  Ю
Щ  І  Д  Л  М  А  Р  К  Е  Р  И  А  А  Р
Ю  Є  Я  А  В  І  Д  П  О  В  І  Д  І  О
Р  Ф  І  С  П  И  Т  И  І  Ь  Щ  Н  Г  Ц
В  Ч  И  Т  Е  Л  Ь  У  А  Х  Є  Щ  І  Ц
Б  І  Б  Л  І  О  Т  Е  К  А  Ч  П  К  І
```

АЛФАВІТ	БІБЛІОТЕКА
ВІДПОВІДІ	ОБІД
КНИГИ	МАРКЕРИ
КРІСЛО	МАТЕМАТИКА
КЛАС	ПАПІР
БЮРО	ОЛІВЕЦЬ
ІСПИТИ	РУЧКИ
ПАПКИ	ВЧИТЕЛЬ
ДРУЗІ	ПИСАТИ
ВЕСЕЛОЩІ	

30 - Dance

К	Р	У	Г	Ь	Т	К	У	Л	Ь	Т	У	Р	А
Л	К	У	Л	Ь	Т	У	Р	Н	И	Й	Ь	І	Б
Т	Т	Е	Х	О	Р	Е	О	Г	Р	А	Ф	І	Я
Р	І	Е	Х	П	У	А	П	Р	П	Р	Б	Д	Ф
А	Л	Ю	Ц	А	В	Д	О	Г	И	Ґ	Х	М	Є
Д	О	Н	К	Р	Я	О	С	Щ	Н	Т	Є	Я	Ш
И	М	И	С	Т	Е	Ц	Т	В	О	П	М	В	А
Ц	У	І	У	Н	К	Л	А	С	И	Ч	Н	И	Й
І	З	Р	О	Е	Р	Е	В	Ь	Ф	Щ	А	Р	Ф
Й	И	Ш	У	Р	М	М	А	Л	Ь	В	Ш	А	Ґ
Н	К	Ь	П	Ф	С	О	Ж	Е	С	У	Ж	З	Ц
И	А	Б	К	Ю	С	И	Ц	У	І	Я	І	Н	Б
Й	Л	А	К	А	Д	Е	М	І	Я	Ч	І	И	П
Б	Л	А	Г	О	Д	А	Т	Ь	Я	Р	Г	Й	Б

АКАДЕМІЯ
МИСТЕЦТВО
ТІЛО
ХОРЕОГРАФІЯ
КЛАСИЧНИЙ
КУЛЬТУРНИЙ
КУЛЬТУРА
ЕМОЦІЯ

ВИРАЗНИЙ
БЛАГОДАТЬ
РУХ
МУЗИКА
ПАРТНЕР
ПОСТАВА
РИТМ
ТРАДИЦІЙНИЙ

31 - Colors

```
С  С  И  Н  І  Й  Т  Р  Т  С  Б  К  Л  Ф
Є  І  Б  Ж  О  В  Т  И  Й  Е  Л  О  А  У
О  Л  Р  Е  В  Ґ  Є  У  Ц  П  А  Р  З  К
П  Ь  О  И  Ж  Ь  О  Т  Ц  І  К  И  У  С
О  З  Ж  І  Й  Е  Ч  А  О  Я  И  Ч  Р  І
Р  Е  Е  Е  М  Ф  В  Ю  Т  Т  Т  Н  Н  Я
А  Л  В  П  Ц  А  Т  И  Д  Ц  Н  Е  И  Б
Н  Е  И  Е  Б  І  Л  И  Й  О  И  В  Й  Е
Ж  Н  Й  Г  А  Н  С  И  С  Я  Й  И  Ь  Д
Е  И  Г  П  У  Д  Л  Р  Н  Б  Ч  Й  Я  И
В  Й  Ґ  О  Г  И  Щ  Є  Ч  О  Р  Н  И  Й
И  В  А  Ш  П  Г  Ю  Л  У  Є  В  Н  Є  Я
Й  И  Х  Ф  І  О  Л  Е  Т  О  В  И  Й  С
Ч  Е  Р  В  О  Н  И  Й  Ю  Е  Ч  У  Й  М
```

ЛАЗУРНИЙ	СІРИЙ
БЕЖЕВИЙ	ІНДИГО
ЧОРНИЙ	ОРАНЖЕВИЙ
СИНІЙ	РОЖЕВИЙ
КОРИЧНЕВИЙ	ФІОЛЕТОВИЙ
МАЛИНОВИЙ	ЧЕРВОНИЙ
БЛАКИТНИЙ	СЕПІЯ
ФУКСІЯ	БІЛИЙ
ЗЕЛЕНИЙ	ЖОВТИЙ

32 - Climbing

```
Т  Ч  Ь  Ф  Ц  Н  Я  І  Р  Є  М  А  Д  В
Р  О  Ц  І  К  А  В  І  С  Т  Ь  Т  И  И
А  Б  Щ  З  Ч  В  И  Ю  Е  Є  П  М  К  С
В  О  Т  И  Н  Ч  Д  Б  А  В  Б  О  Є  О
М  Т  У  Ч  П  А  Ч  Е  Ч  П  М  С  В  Т
А  И  І  Н  Р  Н  І  М  Н  Е  Ь  Ф  У  А
К  Ч  О  И  Ф  Н  Ч  Н  К  Ч  Е  Е  З  П
М  Ь  Т  Й  Н  Я  В  Д  Ж  Е  С  Р  Ь  Р
Р  У  К  А  В  И  Ч  К  И  Р  И  А  К  О
К  А  Р  Т  А  Щ  Х  І  Ш  А  Л  Х  И  Б
Ц  Ь  У  И  Ц  У  У  О  Ф  Л  А  Ш  Й  Л
Ґ  У  Т  Д  Е  К  С  П  Е  Р  Т  Р  И  Е
С  Т  А  Б  І  Л  Ь  Н  І  С  Т  Ь  С  М
Ф  К  П  К  Б  Б  Ш  О  Л  О  М  Л  В  И
```

ВИСОТА	ШОЛОМ
АТМОСФЕРА	ТРАВМА
ЧОБОТИ	КАРТА
ПЕЧЕРА	ВУЗЬКИЙ
ПРОБЛЕМИ	ФІЗИЧНИЙ
ЦІКАВІСТЬ	СТАБІЛЬНІСТЬ
ЕКСПЕРТ	СИЛА
РУКАВИЧКИ	НАВЧАННЯ

33 - Shapes

```
Щ  Е  Л  Д  Г  П  І  Р  А  М  І  Д  А  Б
Р  Ф  Щ  У  А  І  Б  С  Л  Д  Р  Н  К  А
Л  І  Е  Г  К  Ш  П  Ф  Щ  Х  П  Л  К  Г
Ґ  П  Ц  А  Н  А  Б  Е  Л  І  П  С  И  А
П  Р  И  З  М  А  І  Р  Р  У  В  К  Ц  Т
О  Я  Л  Т  В  К  К  А  К  Б  В  У  А  О
В  М  І  О  Ь  П  У  Е  О  Ґ  О  Ю  Ю  К
А  О  Н  Ь  Я  Л  Б  Ю  Н  Є  Н  Л  К  У
Л  К  Д  Ц  Н  О  Н  Б  У  Г  Л  Х  А  Т
Ь  У  Р  Л  Д  Щ  Ь  Т  С  К  О  Л  О  Н
Н  Т  К  Г  І  А  К  Р  У  Г  Л  И  Й  И
И  Н  Ю  Щ  Ч  Н  Ц  К  Р  И  В  А  С  К
Й  И  Ц  Ґ  А  М  І  Ч  У  В  Ц  В  Ж  О
М  К  Ь  Ж  Р  Б  П  Я  Р  Т  Л  Л  Е  Ш
```

ДУГА	ОВАЛЬНИЙ
КОЛО	БАГАТОКУТНИК
КОНУС	ПРИЗМА
КУТ	ПІРАМІДА
КУБ	ПРЯМОКУТНИК
КРИВА	КРУГЛИЙ
ЦИЛІНДР	БІК
ЕЛІПС	СФЕРА
ГІПЕРБОЛА	ПЛОЩА
ЛІНІЯ	

34 - Scientific Disciplines

Ф	К	С	И	Ц	Ю	О	Б	Е	Т	Б	Б	А	Х
Е	І	М	Е	Х	А	Н	І	К	А	О	І	С	І
Щ	Н	З	Ш	Н	Б	Ф	Г	О	О	Т	О	Т	М
О	Е	Т	І	Р	В	Л	Д	Л	Ч	А	Л	Р	І
Н	З	Ч	Б	О	М	Ф	В	О	И	Н	О	О	Я
Е	І	Щ	Л	Д	Л	В	Е	Г	О	І	Г	Н	Ю
Ю	О	А	Н	А	Т	О	М	І	Я	К	І	О	Є
Ь	Л	С	Л	Т	Ц	С	Г	Я	Щ	А	Я	М	Р
С	О	Ц	І	О	Л	О	Г	І	Я	С	Т	І	А
Я	Г	Е	О	Л	О	Г	І	Я	Я	Ь	Б	Я	Л
Ю	І	П	М	І	М	У	Н	О	Л	О	Г	І	Я
Ш	Я	Л	І	Н	Г	В	І	С	Т	И	К	А	Ь
Т	Е	Р	М	О	Д	И	Н	А	М	І	К	А	Т
Б	І	О	Х	І	М	І	Я	Ф	О	Ф	О	Ю	І

АНАТОМІЯ
АСТРОНОМІЯ
БІОХІМІЯ
БІОЛОГІЯ
БОТАНІКА
ХІМІЯ
ЕКОЛОГІЯ
ГЕОЛОГІЯ

ІМУНОЛОГІЯ
КІНЕЗІОЛОГІЯ
ЛІНГВІСТИКА
МЕХАНІКА
ФІЗІОЛОГІЯ
СОЦІОЛОГІЯ
ТЕРМОДИНАМІКА

35 - School #2

```
Д  С  Ш  Є  П  Л  Б  Х  К  Н  И  Г  И  А
П  І  Л  И  Г  Я  Б  П  А  П  І  Р  С  В
Н  Х  Я  О  К  Ь  О  А  Л  Ц  Ш  Ю  Б  Т
О  Б  Б  Л  В  Ч  И  Т  Е  Л  Ь  Т  Ц  О
С  С  В  П  Ь  Н  Б  В  Н  А  У  К  А  Б
К  К  И  П  У  Н  И  Р  Д  Л  В  Ч  У  У
О  С  В  І  Т  А  І  К  А  Ф  Ю  Г  В  С
М  Л  К  Х  Ш  І  Є  С  Р  Ю  К  З  А  К
П  Щ  І  Г  Т  П  О  С  Т  А  В  К  И  Г
Ю  Б  Я  В  Е  Ф  И  Е  Е  Ь  Ь  Е  Ф  У
Т  Л  І  Т  Е  Р  А  Т  У  Р  А  У  Д  М
Е  Н  О  Ж  И  Ц  І  И  Ж  К  Ж  Ґ  Ь  К
Р  П  Х  Х  Д  Ч  Ь  Х  Ь  Є  Ґ  Ш  И  А
Б  І  Б  Л  І  О  Т  Е  К  А  Ь  Ю  Г  Н
```

ДІЯЛЬНІСТЬ	БІБЛІОТЕКА
РЮКЗАК	ЛІТЕРАТУРА
КНИГИ	ПАПІР
АВТОБУС	ОЛІВЕЦЬ
КАЛЕНДАР	НАУКА
КОМП'ЮТЕР	НОЖИЦІ
СЛОВНИК	ПОСТАВКИ
ОСВІТА	ВЧИТЕЛЬ
ГУМКА	

36 - Science

```
Д  Л  Е  К  С  П  Е  Р  И  М  Е  Н  Т  Б
М  А  Щ  К  П  Г  І  П  О  Т  Е  З  А  Ю
О  Б  Н  Л  Р  М  Л  К  П  Ф  С  Р  Ґ  Р
Л  О  О  І  И  Т  Є  Б  М  Г  Є  Ь  О  О
Е  Р  К  М  Р  В  И  К  О  П  Н  И  Й  С
К  А  А  А  О  М  Ф  І  З  И  К  А  Ф  Л
У  Т  Т  Т  Д  Е  І  М  Е  Т  О  Д  А  И
Л  О  И  О  А  А  М  Н  Ж  С  О  Н  К  Н
И  Р  Г  Х  М  Ж  В  Ч  Е  Н  И  Й  Т  И
Х  І  М  І  Ч  Н  І  П  Щ  Р  Ь  Ф  О  Ч
Н  Я  Ч  А  С  Т  И  Н  К  И  А  Є  С  Ю
Г  Р  А  В  І  Т  А  Ц  І  Я  У  Л  Р  А
Е  В  О  Л  Ю  Ц  І  Я  Г  Х  Т  Ф  И  Р
О  Р  Г  А  Н  І  З  М  Р  Р  Ґ  Б  Л  В
```

АТОМ	ЛАБОРАТОРІЯ
ХІМІЧНІ	МЕТОД
КЛІМАТ	МІНЕРАЛИ
ДАНІ	МОЛЕКУЛИ
ЕВОЛЮЦІЯ	ПРИРОДА
ЕКСПЕРИМЕНТ	ОРГАНІЗМ
ФАКТ	ЧАСТИНКИ
ВИКОПНИЙ	ФІЗИКА
ГРАВІТАЦІЯ	РОСЛИНИ
ГІПОТЕЗА	ВЧЕНИЙ

37 - To Fill

Є	Ч	Н	Ю	Л	П	Л	Я	Ш	К	А	Ш	Б	Г
Х	Х	К	С	К	Щ	О	Р	Х	О	М	У	А	Л
Я	Щ	И	К	У	П	Т	І	Е	Ш	Н	Х	С	Е
Д	Л	Я	Я	Я	М	О	И	І	И	Я	Л	Е	К
П	В	Ж	І	Л	Н	К	П	В	К	Н	Я	Й	М
Ц	Е	Щ	У	У	С	І	А	І	А	Ю	Д	Н	Ґ
Ч	Т	А	Я	Е	Е	І	П	Д	Т	Н	А	Є	К
В	Ш	К	Д	Ц	Ч	В	К	Р	К	Ь	Н	П	И
Б	К	О	Р	О	Б	К	А	О	Ш	У	Н	А	Ш
О	Т	Н	Щ	С	Н	Ю	К	Л	А	Х	І	К	Е
Ч	Р	В	А	З	А	Я	О	Р	І	Ф	Я	Е	Н
К	У	Е	М	Л	К	Е	И	Д	Я	З	М	Т	Я
А	Б	Р	Ч	Ч	Н	И	Ц	М	Ґ	А	А	Ш	И
І	А	Т	Ц	Х	Ф	Ю	О	А	С	Б	Р	Т	Ґ

СУМКА	ПАПКА
БОЧКА	ГЛЕК
БАСЕЙН	ПАКЕТ
КОШИК	КИШЕНЯ
ПЛЯШКА	ВАЛІЗА
ЯЩИК	ЛОТОК
ВІДРО	ВАННА
КОРОБКА	ТРУБА
ШУХЛЯДА	ВАЗА
КОНВЕРТ	

38 - Summer

```
Ї Ж А Р А Д І С Т Ь А Р П П
Ш А П О Ю І Г К Щ Б Т О О Ю
Р Х А П П М Р Л Ь Я Ч З Д Ґ
І Н Л М У З И К А Б У С О У
Е Х Б Б Ф Б М Д П І А Л Р А
Е Г І Д О З В І Л Л Я А О И
Т Л Л К Р Ь Ф В Я Ц Е Б Ж П
К Н И Г И У Ч Д Ж Ц М Л У М
Р О Д И Н А З Ц М Ф Є Е В О
П Л А В А Т И І Д Ґ Я Н А Р
Ґ В І Д П У С Т К А Ш Н Т Е
Щ Х П І Р Н А Н Н Я Ц Я И Р
Е Є В С А Н Д А Л І Ч В Ю Г
К Е М П І Н Г З І Р К И Ф Я
```

ПЛЯЖ	РАДІСТЬ
КНИГИ	ДОЗВІЛЛЯ
КЕМПІНГ	МУЗИКА
ПІРНАННЯ	РОЗСЛАБЛЕННЯ
РОДИНА	САНДАЛІ
ЇЖА	МОРЕ
ДРУЗІ	ЗІРКИ
ІГРИ	ПЛАВАТИ
САД	ПОДОРОЖУВАТИ
ДІМ	ВІДПУСТКА

39 - Clothes

Н	К	П	О	Я	С	Г	Х	Н	В	Б	Я	С	С
А	У	А	Ш	Т	А	Н	И	Б	Ц	Ф	Ґ	А	В
М	О	Л	П	М	К	У	Р	Т	К	А	Б	Н	Е
И	А	Ь	В	Е	О	Ю	Р	К	Е	Р	Р	Д	Т
С	Г	Т	З	Р	Л	Д	П	А	Ж	Т	А	А	Р
Т	У	О	У	О	У	Ю	А	К	Ґ	У	С	Л	Б
О	С	Я	Т	О	Б	К	Х	У	П	Х	Л	І	Л
Е	Є	Т	Т	Р	Д	Ш	А	Р	Ф	Ж	Е	Т	У
Є	Д	П	Я	Х	Ж	Ш	І	В	Е	І	Т	У	З
С	П	І	Д	Н	И	Ц	Я	В	И	О	Д	С	К
Ф	Ц	Ж	Є	Я	Н	С	О	Р	О	Ч	К	А	А
Б	В	А	П	Ч	С	И	С	Г	Ц	Р	К	Ь	Х
Л	Ш	М	У	С	И	К	И	І	Г	П	Ц	И	Ч
П	Л	А	Т	Т	Я	Х	П	Б	И	Е	О	Я	П

ФАРТУХ
ПОЯС
БЛУЗКА
БРАСЛЕТ
ПАЛЬТО
ПЛАТТЯ
МОДА
РУКАВИЧКИ
КАПЕЛЮХ
КУРТКА

ДЖИНСИ
НАМИСТО
ПІЖАМА
ШТАНИ
САНДАЛІ
ШАРФ
СОРОЧКА
ВЗУТТЯ
СПІДНИЦЯ
СВЕТР

40 - Insects

П	Ш	Е	Р	Ш	Е	Н	Ь	Є	Я	Р	К	М	Ф
Т	О	І	Ь	П	Ч	О	Я	Л	О	Б	Ч	Е	Л
К	А	П	Д	К	Ж	П	Ж	Ь	Д	А	Ж	Т	И
Х	И	Р	Е	Б	О	Г	О	М	О	Л	У	Е	Ч
Ч	С	Я	Г	Л	У	Ц	Г	Ц	У	Ж	К	Л	И
И	Ф	Ю	Ґ	А	И	Х	Б	Е	Б	Р	С	И	Н
К	О	Н	И	К	Н	Ц	Ц	Ю	Д	Л	А	К	К
Б	Л	О	Х	А	Ю	И	Я	Х	Ж	И	Р	Х	А
Д	Б	Ь	Р	С	Г	К	М	К	О	М	А	Р	А
Н	А	Р	О	П	Ю	А	І	Ґ	Л	Р	Н	Т	Т
Щ	Б	Г	Б	О	Е	Д	Л	Я	А	В	А	Б	У
Д	К	Н	А	С	Д	А	С	О	Н	Е	Ч	К	О
И	А	А	К	А	І	Р	Е	І	М	П	Ж	Ю	Ґ
Ґ	Ф	Т	Е	Р	М	І	Т	І	Ж	К	Н	Т	Я

МУРАХА
ПОПЕЛИЦЯ
БДЖОЛА
ЖУК
МЕТЕЛИК
ЦИКАДА
ТАРГАН
БАБКА
БЛОХА
ГНАТ

КОНИК
ШЕРШЕНЬ
СОНЕЧКО
ЛИЧИНКА
САРАНА
БОГОМОЛ
КОМАР
ТЕРМІТ
ОСА
ХРОБАК

41 - Astronomy

П	Л	О	Ю	М	А	О	Т	Г	Ґ	К	О	З	Т
Л	Д	Л	Б	І	С	Ґ	О	Р	А	О	С	А	У
А	Щ	У	Х	С	Т	Х	У	Ж	З	С	У	Т	М
Н	М	Е	М	Я	Е	Г	Р	Я	Е	М	З	Е	А
Е	Ч	Ю	Г	Ц	Р	Р	І	Ю	М	О	І	М	Н
Т	М	А	Ц	Ь	О	А	В	Г	Л	С	Р	Н	Н
А	С	Е	И	М	Ї	К	Н	А	Я	Т	Я	Е	І
С	У	Н	Т	Ж	Д	Е	О	Л	Т	Н	Т	Н	С
Т	П	А	Н	Е	Я	Т	Д	А	М	О	Ц	Н	Т
Р	У	Д	Ж	Е	О	А	Е	К	Л	М	Р	Я	Ь
О	Т	Н	Ь	П	Б	Р	Н	Т	Н	В	У	І	Ф
Н	Н	О	Ч	И	Ш	О	Н	И	Х	Ж	Р	Е	Я
О	И	В	Ф	М	Ц	Р	Я	К	Ш	Б	Ж	Ц	Б
М	К	А	Г	Р	А	Д	І	А	Ц	І	Я	К	Н

АСТЕРОЇД
АСТРОНОМ
СУЗІР'Я
КОСМОС
ЗЕМЛЯ
ЗАТЕМНЕННЯ
РІВНОДЕННЯ
ГАЛАКТИКА
МЕТЕОР

МІСЯЦЬ
ТУМАННІСТЬ
ОБСЕРВАТОРІЯ
ПЛАНЕТА
РАДІАЦІЯ
РАКЕТА
СУПУТНИК
НЕБО
НАДНОВА

42 - Pirates

```
В Х П Д У Г Ф Б Х Г И А П Б
Л У Р О М К Г Ш К О М П А С
Г Е И Я У Д Б Р Е Я Н Ц П У
П О Г А Н И Й А П К Г Ш У Ю
Л Г О Е Б М С М Щ І К М Г Ь
Я І Д Ф Н П Е Ч Е Р А О А Щ
Ж А А Ц Ц Д Р К К О Р Н С П
О С Т Р І В А А І Ч Т Е К П
М У Щ Я Я М Х П П З А Т А С
Х Ж Д А М К М І А О Ґ И Р Я
Х Р Х С Т В И Т Ж Л Р М Б С
О А Б С Ц Ґ Є А М О Ь П Е В
Р Б В І У Л М Н Я Т Л И Р Ч
Н Е Б Е З П Е К А О Ш Ь Ц Г
```

ПРИГОДА	ПРАПОР
ЯКІР	ЗОЛОТО
ПОГАНИЙ	ОСТРІВ
ПЛЯЖ	ЛЕГЕНДА
КАПІТАН	КАРТА
ПЕЧЕРА	ПАПУГА
МОНЕТИ	РОМ
КОМПАС	ШРАМ
ЕКІПАЖ	МЕЧ
НЕБЕЗПЕКА	СКАРБ

43 - Time

К	С	Д	Е	С	Я	Т	И	Л	І	Т	Т	Я	С
А	Т	О	К	Д	Р	Ц	Я	А	Ч	У	К	Ц	Ь
Л	О	И	Є	У	І	Х	П	О	В	С	П	Б	О
Е	Л	М	Ж	Г	К	А	Е	Ч	Ф	К	И	Є	Г
Н	І	П	І	Д	Е	Н	Ь	Ф	Р	О	Б	С	О
Д	Т	И	О	С	Е	Е	Щ	Ь	Д	Р	В	Т	Д
А	Т	Ч	Е	Л	Я	Н	І	Ч	З	О	Щ	М	Н
Р	Я	Я	Ч	Р	У	Ц	Ь	Р	А	Н	О	К	І
Г	О	Д	И	Н	А	Д	Ь	К	Р	В	Р	В	Ш
У	Е	Р	И	Щ	А	Ь	Е	Є	А	Ф	І	М	А
Г	О	Д	И	Н	Н	И	К	Н	З	А	Ч	Б	Е
М	А	Й	Б	У	Т	Н	Є	Д	Ь	С	Н	Ц	У
Р	А	Н	Н	І	Й	Н	Ґ	Б	Ч	У	И	М	Х
І	Х	В	И	Л	И	Н	А	Т	Е	В	Й	Ж	Ц

ЩОРІЧНИЙ	ХВИЛИНА
ДО	МІСЯЦЬ
КАЛЕНДАР	РАНОК
СТОЛІТТЯ	НІЧ
ГОДИННИК	ПОЛУДЕНЬ
ДЕНЬ	ЗАРАЗ
ДЕСЯТИЛІТТЯ	СКОРО
РАННІЙ	СЬОГОДНІ
МАЙБУТНЄ	ТИЖДЕНЬ
ГОДИНА	РІК

44 - Buildings

```
М  Л  С  У  П  Е  Р  М  А  Р  К  Е  Т  Н
Я  А  М  Д  Б  Г  Ґ  Ь  М  Ь  Ш  С  У  А
П  Б  Щ  Щ  А  Ш  О  Л  У  А  Ф  Г  Ґ  М
Н  О  В  У  Н  К  Ґ  Т  З  Х  И  У  Н  Е
Я  Р  С  М  Д  О  К  Т  Е  А  Т  Р  Е  Т
С  А  А  О  Х  Л  І  Н  Й  Л  Г  Т  Я  Т
М  Т  Р  У  Л  А  Н  И  Б  П  Ь  О  П  О
П  О  А  Ж  Щ  Ь  О  П  Ю  В  Е  Ж  А  К
Ш  Р  Й  Д  Щ  Н  С  Ф  А  Б  Р  И  К  А
В  І  Ш  Ю  І  Б  М  Т  Н  Л  А  Т  А  Б
Г  Я  Ж  Ч  Л  О  М  П  В  Ц  Ц  О  Ж  І
С  Л  І  К  А  Р  Н  Я  Ф  О  Ф  К  Т  Н
О  Б  С  Е  Р  В  А  Т  О  Р  І  Я  Г  А
К  В  А  Р  Т  И  Р  А  З  А  М  О  К  Ч
```

КВАРТИРА	ЛАБОРАТОРІЯ
САРАЙ	МУЗЕЙ
КАБІНА	ОБСЕРВАТОРІЯ
ЗАМОК	ШКОЛА
КІНО	СТАДІОН
ПОСОЛЬСТВО	СУПЕРМАРКЕТ
ФАБРИКА	НАМЕТ
ЛІКАРНЯ	ТЕАТР
ГУРТОЖИТОК	ВЕЖА
ГОТЕЛЬ	

45 - Herbalism

```
Ф Р О З М А Р И Н П Ч Д У Ф
Е М Ш Ю Ц В М А Б К Ш Я Х К
Н М А Ш А Р О М А Т П Є Г Щ
Х Х Ф Й І В Ч А С Н И К П К
Е С Р Ш О Р Е Г А Н О Ю О Б
Л В А Ш У Р Ш Ю Д Є Б У Л К
Ь Т Н Т С Ь А В А С И Л Ь П
К У Л І Н А Р Н І С М З Ч Е
В Ж В И Г І Д Н И Й Я Е О Т
І Н Г Р Е Д І Є Н Т Т Л Г Р
Т Р О С Л И Н А А Б А Е Ґ У
К Б Р Ґ Е С Т Р А Г О Н Щ Ш
А Р О М А Т И Ч Н И Й И Я К
Л А В А Н Д А Г А К Ґ Й Б А
```

АРОМАТИЧНИЙ	ІНГРЕДІЄНТ
ВАСИЛЬ	ЛАВАНДА
ВИГІДНИЙ	МАЙОРАН
КУЛІНАРНІ	М'ЯТА
ФЕНХЕЛЬ	ОРЕГАНО
АРОМАТ	ПЕТРУШКА
КВІТКА	РОСЛИНА
САД	РОЗМАРИН
ЧАСНИК	ШАФРАН
ЗЕЛЕНИЙ	ЕСТРАГОН

46 - Toys

У	В	Ь	І	Г	Р	И	У	Т	Ш	Б	Ю	Ж	Б
Р	Я	Г	Ж	О	В	Ф	Л	І	Т	А	К	Б	С
Е	К	В	Ф	Л	Е	Н	Ю	Ґ	І	Б	Х	Н	Г
М	Д	П	А	О	Л	Б	Б	Л	Ш	Р	І	И	Л
Е	Я	Ш	Р	В	О	А	Л	Я	Л	Ь	К	А	И
С	Ф	Ч	Б	О	С	Р	Е	Е	Б	Ь	Н	В	Н
Л	Ь	О	И	Л	И	А	Н	Є	Я	Д	И	Т	А
А	С	В	Р	О	П	Б	И	Ж	Є	И	Г	О	В
Щ	І	Е	Б	М	Е	А	Й	Ж	Ф	Ж	И	М	Ь
Н	Ш	Н	У	К	Д	Н	Х	Б	Р	О	Б	О	Т
Ю	П	Ґ	К	А	Ґ	И	Ш	С	Ж	Ґ	И	Б	Ґ
Т	Ю	Х	П	О	Ї	З	Д	Ц	С	Я	У	І	Л
В	А	Н	Т	А	Ж	І	В	К	А	Л	І	Л	И
Я	М	Ц	Ч	В	Н	И	Б	О	Х	К	Б	Ь	Ь

ЛІТАК
М'ЯЧ
ВЕЛОСИПЕД
ЧОВЕН
КНИГИ
АВТОМОБІЛЬ
ШАХИ
ГЛИНА
РЕМЕСЛА
ЛЯЛЬКА

БАРАБАНИ
УЛЮБЛЕНИЙ
ІГРИ
УЯВА
ФАРБИ
ГОЛОВОЛОМКА
РОБОТ
ПОЇЗД
ВАНТАЖІВКА

47 - Vehicles

```
К  П  Л  І  Т  Ч  О  В  Н  И  К  І  Р  Ф
А  В  А  І  Ц  П  О  Ї  З  Д  К  Ш  И  Ґ
Р  Е  В  Н  Т  Ґ  Д  В  И  Г  У  Н  П  Ш
А  Р  Т  Ч  К  А  А  Х  Е  Л  Ґ  К  П  У
В  Т  О  Ю  Х  М  К  Ш  И  Н  И  Ч  Ь  Р
А  О  Б  П  Щ  Е  О  І  П  О  Р  О  М  В
Н  Л  У  Ц  С  Т  Ч  Т  Р  А  К  Т  О  Р
Е  І  С  Х  М  Р  М  А  О  Ц  Т  С  Ш  А
Ш  Т  Х  С  Д  О  Р  К  Н  Р  К  К  И  К
В  Н  Р  Т  Л  Л  Ь  С  К  О  Ґ  У  М  Е
А  В  Т  О  М  О  Б  І  Л  Ь  Х  Т  Е  Т
В  А  Н  Т  А  Ж  І  В  К  А  О  Е  Є  А
Ц  А  Ь  Ж  Ц  Р  Л  Ц  Б  Ю  Б  Р  У  Ж
И  Ч  П  Ґ  В  Е  Л  О  С  И  П  Е  Д  Ь
```

ЛІТАК	ПЛІТ
ВЕЛОСИПЕД	РАКЕТА
ЧОВЕН	СКУТЕР
АВТОБУС	ЧОВНИК
АВТОМОБІЛЬ	МЕТРО
КАРАВАН	ТАКСІ
ДВИГУН	ШИНИ
ПОРОМ	ТРАКТОР
ВЕРТОЛІТ	ПОЇЗД
МОТОР	ВАНТАЖІВКА

48 - Flowers

```
М А Г Н О Л І Я Р О Л В А К
П В Г І Б І С К У С А Є О О
Ь Г А Р Д Е Н І Я У В П Р Н
Б Є Ґ К Ч А М А К Р А І Х Ю
С О Н Я Ш Н И К Б Х Н В І Ш
Т Р О Я Н Д А Ф В С Д О Д И
Ф Б П Е Л Ю С Т К А А Н Е Н
Ч Д У П Л Ю М Е Р І Я І Я А
Ж Г Ж К У Л Ь Б А Б А Я Д Б
А А Ч К Е И Л І Л І Я Е А У
Т У С Є Ш Т Т Ю Л Ь П А Н З
А Г Ц М К А Л Е Н Д У Л А О
Р Ґ І В И Ь Р О М А Ш К А К
Р Ь Ч І П Н Ц В П И Л Ш Ч О
```

БУКЕТ	ЛІЛІЯ
КАЛЕНДУЛА	МАГНОЛІЯ
КОНЮШИНА	ОРХІДЕЯ
РОМАШКА	ПІВОНІЯ
КУЛЬБАБА	ПЕЛЮСТКА
ГАРДЕНІЯ	ПЛЮМЕРІЯ
ГІБІСКУС	МАК
ЖАСМИН	ТРОЯНДА
ЛАВАНДА	СОНЯШНИК
БУЗОК	ТЮЛЬПАН

49 - Town

```
Ф  У  С  Ю  Г  Ж  А  Я  К  И  В  Я  У  У
С  Л  Б  А  Н  К  Г  А  Л  Е  Р  Е  Я  Н
С  Т  О  Л  Е  Г  И  З  І  Щ  Е  Б  К  І
С  И  А  Р  Ч  Ш  Ж  О  Н  Ф  А  І  І  В
У  В  Л  Д  И  Є  Е  О  І  Щ  М  Б  Н  Е
П  Е  П  А  І  С  К  П  К  Х  М  Л  О  Р
Е  Я  Е  Ь  Б  О  Т  А  А  О  А  І  И  С
Р  Ш  К  О  Л  А  Н  Р  М  Є  Г  О  Ч  И
М  К  А  Ф  Е  А  П  К  У  Р  А  Т  Г  Т
А  Е  Р  О  П  О  Р  Т  З  Ч  З  Е  О  Е
Р  И  Н  О  К  Х  К  Е  Е  Р  И  К  Т  Т
К  В  Я  Е  Ь  Ш  Ц  А  Й  К  Н  А  Е  Ф
Е  Т  Д  Х  Г  К  Ф  Т  Ф  Б  А  Ю  Л  Б
Т  Е  Ю  Т  Щ  Т  С  Р  К  Щ  Е  Ю  Ь  О
```

АЕРОПОРТ	РИНОК
ПЕКАРНЯ	МУЗЕЙ
БАНК	АПТЕКА
КАФЕ	ШКОЛА
КІНО	СТАДІОН
КЛІНІКА	МАГАЗИН
ФЛОРИСТ	СУПЕРМАРКЕТ
ГАЛЕРЕЯ	ТЕАТР
ГОТЕЛЬ	УНІВЕРСИТЕТ
БІБЛІОТЕКА	ЗООПАРК

50 - Antarctica

```
Н  М  І  Г  Р  А  Ц  І  Я  В  О  Д  А  Т
А  П  Н  Ю  С  Е  Р  Е  Д  О  В  И  Щ  Е
У  Д  Ь  Ф  О  Ґ  Г  В  Б  П  Ґ  Р  Ю  М
К  О  Н  Т  И  Н  Е  Н  Т  М  Т  Ш  Х  П
О  С  Н  К  Б  Є  О  Х  Ц  І  Т  А  Ф  Е
В  Л  О  Є  У  Ц  Г  П  Ф  Н  О  П  Х  Р
И  І  М  С  Х  Л  Р  Н  Ф  Е  П  І  М  А
Й  Д  У  Р  Т  І  А  Е  Е  Р  О  В  А  Т
Ч  Н  Х  Ч  А  Р  Ф  Е  П  А  Г  О  Р  У
О  И  Л  І  Д  Я  І  А  Я  Л  Р  С  И  Р
Н  К  Е  Я  К  Я  Я  В  Б  И  А  Т  Ш  А
Л  Ь  О  Д  О  В  И  К  І  В  Ф  Р  Є  Є
С  К  Е  Л  Я  С  Т  И  Й  П  І  І  А  Д
Є  Е  К  С  П  Е  Д  И  Ц  І  Я  В  Ж  Ч
```

БУХТА	МІГРАЦІЯ
ПТАХ	МІНЕРАЛИ
ХМАРИ	ПІВОСТРІВ
КОНТИНЕНТ	ДОСЛІДНИК
СЕРЕДОВИЩЕ	СКЕЛЯСТИЙ
ЕКСПЕДИЦІЯ	НАУКОВИЙ
ГЕОГРАФІЯ	ТЕМПЕРАТУРА
ЛЬОДОВИКІВ	ТОПОГРАФІЯ
ЛІД	ВОДА
ОСТРІВ	

51 - Ballet

В	И	Т	О	Н	Ч	Е	Н	И	Й	Б	О	У	Х
П	Р	А	К	Т	И	К	А	Є	Т	А	Р	А	О
К	Ю	У	Е	Є	Ь	Ш	В	М	Е	Л	К	С	Р
Е	О	Т	Р	И	Т	М	И	Х	Х	Е	Е	Ь	Е
Б	Щ	М	Ф	О	Т	Х	Ч	О	Н	Р	С	Х	О
М	Т	У	П	М	К	Є	К	Є	І	И	Т	У	Г
Ґ	П	З	С	О	Е	И	А	Ф	К	Н	Р	Д	Р
Ґ	В	И	Р	А	З	Н	И	Й	А	А	Н	О	А
А	Е	К	А	У	Д	И	Т	О	Р	І	Я	Ж	Ф
Е	К	А	Е	П	Ф	С	Т	И	Л	Ь	Т	Н	І
Ж	Н	С	М	Г	Ь	С	Ґ	О	О	Д	Ф	І	Я
Е	Я	У	Ж	Я	Ш	Ф	Ч	Р	Р	И	И	Й	Х
С	М	Ц	Є	П	З	О	П	Л	Е	С	К	И	И
Т	А	Н	Ц	Ю	Р	И	С	Т	І	В	Т	Л	Ю

ОПЛЕСКИ
ХУДОЖНІЙ
АУДИТОРІЯ
БАЛЕРИНА
ХОРЕОГРАФІЯ
КОМПОЗИТОР
ТАНЦЮРИСТІВ
ВИРАЗНИЙ
ЖЕСТ
ВИТОНЧЕНИЙ

УРОКИ
М'ЯЗИ
МУЗИКА
ОРКЕСТР
ПРАКТИКА
РИТМ
НАВИЧКА
СТИЛЬ
ТЕХНІКА

52 - Human Body

В	И	В	Е	Ь	Б	О	Ф	Л	Н	С	М	Г	А
П	І	Д	Б	О	Р	І	Д	Д	Я	Н	Є	О	П
С	О	Б	Л	И	Ч	Ч	Я	Ш	Д	І	Ю	Л	А
Е	И	Ц	И	К	І	С	Т	К	И	С	Щ	О	Л
Р	О	Ь	Ш	І	П	Л	Е	Ч	Е	Я	Е	В	Е
Ц	У	Ж	Д	Є	Є	І	Л	Ц	М	В	Л	А	Ц
Е	Б	А	Е	Г	Ш	К	І	Р	А	У	Е	Х	Ь
Н	О	Г	А	Ю	М	О	З	О	К	Х	П	О	Є
Щ	И	К	О	Л	О	Т	К	И	Х	О	А	Ю	Р
Л	К	Р	О	Ґ	Х	Ь	Г	Л	К	Р	О	В	У
Т	Ю	И	Щ	Л	Ь	Л	Є	Щ	Ц	Щ	О	Р	К
Л	В	Ш	Ш	Б	І	Ч	В	Х	Н	Ц	Н	Т	А
Д	Щ	О	Ш	Ж	Д	Н	Г	Б	У	Д	О	Ч	Ш
П	Щ	Г	Г	М	П	Р	А	М	Ф	Н	Ф	Н	І

ЩИКОЛОТКИ
КРОВ
КІСТКИ
МОЗОК
ПІДБОРІДДЯ
ВУХО
ЛІКОТЬ
ОБЛИЧЧЯ
ПАЛЕЦЬ
РУКА

ГОЛОВА
СЕРЦЕ
ЩЕЛЕПА
КОЛІНА
НОГА
РОТ
ШИЯ
НІС
ПЛЕЧЕ
ШКІРА

53 - Musical Instruments

```
Г О Б О Й Б Ь С Я Е Ф Ш Р Ж
Д С У Щ К У С Т Ж Ф Л К М Е
Х К Б Ц Б У Д Д Ж Щ Е П А А
Ш Щ О А Р Ф А А Щ Ч Й Ч Н І
Ш Т Н Ф Ц Р Н Є Р І Т Х Д В
Ф О Р Т Е П І А Н О А Н О І
Т А Г О М І Л К И Г Б К Л О
И Р Г А Р М О Н І К А Л І Л
А Я О О В Ц Е Т Р У Б А Н О
Х Ш Н М Т Ш Д Г І Т А Р А Н
Г С Г Н Б М Е Ґ С І Н Н Т Ч
Л С А К С О Ф О Н А Д Е Н Е
И В Ґ Ю Х Ш Н П А У Ж Т И Л
Б А Р А Б А Н Б К П О Ж Г Ь
```

БАНДЖО	АРФА
ФАГОТ	МАНДОЛІНА
ВІОЛОНЧЕЛЬ	ГОБОЙ
КЛАРНЕТ	УДАР
БАРАБАН	ФОРТЕПІАНО
ГОМІЛКИ	САКСОФОН
ФЛЕЙТА	БУБОН
ГОНГ	ТРОМБОН
ГІТАРА	ТРУБА
ГАРМОНІКА	

54 - Fruit

```
Г  Є  Д  Л  С  Б  П  М  А  Н  Г  О  Г  С
П  П  Ю  І  Є  Ш  Е  О  О  Е  А  Я  Е  Ь
Р  Ф  Г  Г  Ю  А  Р  Г  А  К  Д  Ю  М  О
Я  І  Є  Г  Ж  Ц  С  Р  В  Т  Е  Д  Х  Ц
Ч  Г  У  А  В  А  И  У  С  А  В  Б  Ж  П
У  Х  О  Ь  А  Д  К  Ш  Р  Р  И  А  Ь  Ю
Е  Е  Ґ  Д  Б  Ц  К  А  Д  И  Н  Я  В  У
И  Ш  Х  П  А  П  А  Й  Я  Н  О  Ф  Р  Е
Н  Г  І  Е  Н  К  Я  О  В  И  Г  Ц  Є  Ж
А  В  О  К  А  Д  О  Б  И  І  Р  І  В  Е
М  А  Л  И  Н  А  И  К  Л  У  А  Є  Ь  Ф
Ш  А  Н  А  Н  А  С  Б  О  У  Д  Н  В  Ч
Л  И  М  О  Н  Ю  Н  Ф  Т  С  К  І  В  І
В  И  Ш  Н  Я  И  А  Б  Р  И  К  О  С  У
```

ЯБЛУКО	КІВІ
АБРИКОС	ЛИМОН
АВОКАДО	МАНГО
БАНАН	ДИНЯ
ЯГОДА	НЕКТАРИН
ВИШНЯ	ПАПАЙЯ
КОКОС	ПЕРСИК
ФІГ	ГРУША
ВИНОГРАД	АНАНАС
ГУАВА	МАЛИНА

55 - Virtues #1

```
Ч Щ Ь Н Ц А Ш Х Л К Е Я Є Ч
Ц І К А В И Й У Ь О Ф Я Л А
Ю П Ь Д Щ Ф И Д Ц Р Е М Ю Р
Щ Р К І Е Х Ш О У И К Х П І
И А А Й Д В С Ж С С Т О Р В
О К Є Н Р Г А Н К Н И Р И Н
Ю Т П І И Ч Л І Р И В О С И
Ж И О Ґ Й Ґ А Й О Й Н Ш Т Й
Б Ч М У Д Р И Й М И И И Р Ч
К Н Е З А Л Е Ж Н И Й Й А И
К И Є Ю Ь Т К К И Ш Ш Ч С С
Ч Й Щ Т Г Щ Ґ І Й Ж А Ґ Н Т
П А Ц І Є Н Т У Б П П Е И И
Р О З У М Н И Й Ш В Ж М Й Й
```

ХУДОЖНІЙ	НЕЗАЛЕЖНИЙ
ЧАРІВНИЙ	РОЗУМНИЙ
ЧИСТИЙ	СКРОМНИЙ
ЦІКАВИЙ	ПРИСТРАСНИЙ
ЕФЕКТИВНИЙ	ПАЦІЄНТ
ЩЕДРИЙ	ПРАКТИЧНИЙ
ХОРОШИЙ	НАДІЙНІ
КОРИСНИЙ	МУДРИЙ

56 - Kitchen

```
Х  К  М  О  Р  О  З  И  Л  Ь  Н  И  К  І
Х  О  Л  О  Д  И  Л  Ь  Н  И  К  Г  Р  С
В  Ґ  Ї  Ж  Г  Л  Е  К  Д  Р  Щ  У  Е  П
Н  О  Ж  І  Р  Ф  Ґ  Л  Ф  Д  Щ  Б  Ц  Е
Ґ  Ґ  А  В  И  Л  К  И  К  А  Н  К  Е  Ц
П  О  П  Ш  Л  С  П  Ц  Ф  Я  Р  А  П  І
Ч  А  Щ  Х  Ь  Ю  Ґ  І  Ф  Ж  М  Т  Т  Ї
А  Г  Л  Е  Ч  И  К  К  Ч  А  Ш  А  У  К
Й  Т  О  И  С  Е  Р  В  Е  Т  К  А  У  Х
Н  К  Ж  Ж  Ч  О  К  Б  С  Г  С  Ф  Ч  Ь
И  Ш  К  К  А  К  М  Ч  У  Г  Л  Ф  В  Ю
К  Т  И  И  Ш  І  А  Д  К  А  Н  Ж  О  Х
У  Ш  Т  У  К  Г  И  М  М  Ч  Р  Ф  Е  Д
Т  Ф  Н  Р  И  О  Щ  Н  И  Є  Ь  А  О  Щ
```

ФАРТУХ	ЧАЙНИК
ЧАША	НОЖІ
ПАЛИЧКАМИ	СЕРВЕТКА
ЧАШКИ	ПІЧ
ЇЖА	РЕЦЕПТ
ВИЛКИ	ХОЛОДИЛЬНИК
МОРОЗИЛЬНИК	СПЕЦІЇ
ГРИЛЬ	ГУБКА
ГЛЕК	ЛОЖКИ
ГЛЕЧИК	

57 - Art Supplies

```
Ч Є Б К Т А Б Л И Ц Я О М К
Д Н Ж О Ч Д Ч О Р Н И Л О Р
Ґ Ж Ь Л Ю Ґ Є Є Л Ш Е І Л І
Ь М Ф Ь Т Є П А П І Р В Ь С
С Т В О Р Ч І С Т Ь Я Ц Б Л
Г Ф У Р Г Л И Н А А А І Е О
К Н Я И У Ц Я Х К К І Д Р Ч
К А И А М Ь Б Ф Р В Щ Е Т Щ
Щ Р М А К Л Е Й И А У Ї Т Д
И І Ь Е А Щ Т Ж Л Р К Ь Л Ж
Ш Н Т Р А Г О О Е Щ А Ч К
Ш Ь В К М А Н Ь В Л И И Х Е
А Ю Ш Ф А Р Б И И І Ц Ш Щ І
П А С Т Е Л І Ь Й Т В О Д А
```

АКРИЛОВИЙ	ІДЕЇ
ЩІТКА	ЧОРНИЛО
КАМЕРА	ОЛІЯ
КРІСЛО	ФАРБИ
ГЛИНА	ПАПІР
КОЛЬОРИ	ПАСТЕЛІ
ТВОРЧІСТЬ	ОЛІВЦІ
МОЛЬБЕРТ	ТАБЛИЦЯ
ГУМКА	ВОДА
КЛЕЙ	АКВАРЕЛІ

58 - Science Fiction

```
У  Т  Е  Х  Н  О  Л  О  Г  І  Я  Я  Н  Н
Н  Я  С  В  І  Т  Р  А  І  Л  Ю  З  І  Я
Х  Ж  В  Р  К  Л  О  Н  И  О  Я  У  Є  Щ
Щ  І  Л  Н  Ґ  Ч  Б  Т  Я  Р  Х  Т  Л  Є
А  Х  М  К  И  С  О  И  Е  А  В  О  Л  Н
Т  Ж  И  І  І  Й  Т  У  М  К  О  П  Ч  Ж
О  Є  М  М  К  Н  И  Т  Д  У  Г  І  У  Ґ
М  У  О  П  Ю  А  О  О  И  Л  О  Я  М  Є
Н  В  И  Б  У  Х  Л  П  Л  А  Н  Е  Т  А
И  К  М  М  Ь  Є  Ж  І  Щ  Я  Ь  Ю  И  П
Й  К  Н  И  Г  И  Н  Я  Ї  В  И  Г  Ж  Е
Г  А  Л  А  К  Т  И  К  А  О  Ч  Я  И  Н
Ф  У  Т  У  Р  И  С  Т  И  Ч  Н  И  Й  И
Ф  А  Н  Т  А  С  Т  И  Ч  Н  И  Й  О  Щ
```

АТОМНИЙ	ГАЛАКТИКА
КНИГИ	ІЛЮЗІЯ
ХІМІКАЛІЇ	УЯВНИЙ
КІНО	ОРАКУЛ
КЛОНИ	ПЛАНЕТА
АНТИУТОПІЯ	РОБОТИ
ВИБУХ	ТЕХНОЛОГІЯ
ФАНТАСТИЧНИЙ	УТОПІЯ
ВОГОНЬ	СВІТ
ФУТУРИСТИЧНИЙ	

59 - Airplanes

```
П Ш О Г О Щ Е Е Х Г Я П Б И
Р Ц І Е У П І Л О Т И О С А
И Д Ж К Н А П Р Я М Ж С П Т
Г Х Б І І С Т О Р І Я А У М
О Щ У П Щ А Х Н Е Б О Д С О
Д І Д А В Ж Г К А М И К К С
А Д І Ж К И Х Г Ґ Д И А Я Ф
П О В І Т Р Я В Д В У Щ Щ Е
А Е Н И А Щ Щ И Ч И И Т Ф Р
Л Ж И Л Г Ч Р Н Ь С З Е И А
И С Ц Ш Ч У М Т А О І А У Ф
В П Т Щ Ц І Н И Ґ Т Е Л Й Т
О О В З А П У С К А Д Г Л Н
Ф Т О В О Д Е Н Ь И Є Є І П
```

ПРИГОДА	ВИСОТА
ПОВІТРЯ	ІСТОРІЯ
АТМОСФЕРА	ВОДЕНЬ
БУДІВНИЦТВО	НАДУТИ
ЕКІПАЖ	ПОСАДКА
СПУСК	ЗАПУСК
ДИЗАЙН	ПАСАЖИР
НАПРЯМ	ПІЛОТ
ДВИГУН	ГВИНТИ
ПАЛИВО	НЕБО

60 - Ocean

А	В	Н	К	Р	Е	В	Е	Т	К	И	М	Д	Ф
Т	У	Н	Е	Ц	Ь	Ж	Г	Г	О	Я	Ь	С	Г
І	Г	Д	Ь	Б	Р	С	Н	В	Р	Н	К	І	К
Л	О	Ч	Е	Р	Е	П	А	Х	А	К	У	Л	А
Ш	Р	Б	К	И	Т	Я	Є	К	Л	П	С	Ь	В
М	И	Ц	У	Я	Г	К	И	Р	О	Р	Т	В	О
Р	Б	Р	Е	Р	Ю	У	Є	А	В	И	Р	О	Д
Д	А	Я	Ю	М	Я	Х	Б	Б	И	П	И	С	О
М	Е	К	М	Є	Д	В	Ю	К	Й	Л	Ц	Ь	Р
Е	Ю	Л	Ш	Д	Щ	И	Т	Н	А	И	Я	М	О
Д	Х	О	Ь	Б	Л	Л	Р	М	Н	В	Я	И	С
У	Ш	Є	Х	Ф	И	І	И	Є	М	И	Ф	Н	Т
З	Б	Ґ	О	У	І	Г	Ф	Ш	М	Р	Ч	І	Е
А	П	Х	М	К	М	Н	Є	Г	Ж	П	Т	Г	Й

ВОДОРОСТЕЙ
КОРАЛОВИЙ
КРАБ
ДЕЛЬФІН
ВУГОР
РИБА
МЕДУЗА
ВОСЬМИНІГ
УСТРИЦЯ
РИФ

СІЛЬ
АКУЛА
КРЕВЕТКИ
ГУБКА
БУРЯ
ПРИПЛИВИ
ТУНЕЦЬ
ЧЕРЕПАХА
ХВИЛІ
КИТ

61 - Birds

Ґ	Т	Б	Р	Б	Д	Г	В	К	У	Р	К	А	Я
Ф	Ь	Ш	П	Є	Є	Р	О	А	Ч	А	П	Л	Я
Т	У	К	А	Н	Ж	Е	Р	Ч	Ф	Ж	Е	Т	П
С	Т	Р	А	У	С	Ю	О	К	Л	Ч	Л	Ю	П
И	Ц	Ц	Ф	Н	Ж	Г	Н	А	А	Ж	І	Г	І
С	З	И	Ш	Т	А	О	А	Ц	М	К	К	П	Н
Щ	О	Л	Б	А	У	Р	Ч	К	І	Щ	А	А	Г
Г	З	Н	С	Ч	В	О	К	И	Н	Г	Н	П	В
Г	У	С	К	А	Ш	Б	П	А	Г	Ф	К	У	І
Є	Л	Н	Ц	І	Є	Е	Ч	А	О	Я	С	Г	Н
И	Я	Н	П	Є	Ь	Ц	А	Я	В	Ш	В	А	О
Л	Е	Л	Е	К	А	Ь	Й	Й	Г	И	Н	Є	Р
Л	Е	Б	І	Д	К	А	К	Ц	С	Е	Ч	Ф	Е
Ш	Щ	Ц	Ф	Л	М	К	А	Е	Щ	Т	М	Ґ	Л

КАНАРКА	ЧАПЛЯ
КУРКА	СТРАУС
ВОРОНА	ПАПУГА
ЗОЗУЛЯ	ПАВИЧ
КАЧКА	ПЕЛІКАН
ОРЕЛ	ПІНГВІН
ЯЙЦЕ	ГОРОБЕЦЬ
ФЛАМІНГО	ЛЕЛЕКА
ГУСКА	ЛЕБІДКА
ЧАЙКА	ТУКАН

62 - Art

```
С  Ю  Р  Р  Е  А  Л  І  З  М  О  Л  Ц  Ж
И  Б  В  С  С  Л  О  Т  В  О  Р  И  Т  И
М  К  П  Ґ  К  В  И  Р  А  З  И  Ч  Н  О
В  Н  Р  Ч  Л  В  О  Ц  Г  Л  Г  Е  А  С
О  К  Е  Р  А  М  І  Ч  Н  І  І  С  С  О
Л  К  Д  Ч  Д  Т  Д  Ц  В  Л  Н  Н  Т  Б
Ю  Ф  М  У  Н  Ь  К  Ш  М  Ц  А  И  Р  И
О  Ю  Е  Ш  И  С  К  Л  А  Д  Л  Й  І  С
И  Т  Т  Р  Й  К  А  Р  Т  И  Н  И  Й  Т
П  Р  О  С  Т  И  Й  П  О  Е  З  І  Я  И
Є  З  А  П  А  Л  Е  Н  И  Й  Ю  Н  И  Й
С  К  У  Л  Ь  П  Т  У  Р  А  Б  Г  Т  Т
В  І  З  У  А  Л  Ь  Н  И  Й  Ю  Х  Х  Є
В  Ш  У  Д  У  Б  Ж  Ю  Х  Ж  А  Щ  М  Б
```

КЕРАМІЧНІ	КАРТИНИ
СКЛАДНИЙ	ОСОБИСТИЙ
СКЛАД	ПОЕЗІЯ
ТВОРИТИ	СКУЛЬПТУРА
ВИРАЗ	ПРОСТИЙ
ЧЕСНИЙ	ПРЕДМЕТ
ЗАПАЛЕНИЙ	СЮРРЕАЛІЗМ
НАСТРІЙ	СИМВОЛ
ОРИГІНАЛ	ВІЗУАЛЬНИЙ

63 - Autumn

Б	У	П	К	Ґ	Р	П	М	Ґ	Ж	Р	Ф	Ж	Н
П	Ф	А	А	Т	І	Щ	М	Г	О	Ц	Р	Я	У
Р	Е	В	Ш	Б	В	Є	І	В	Л	Ц	У	Б	Н
И	Д	Ч	Т	Т	Н	М	С	Н	У	Р	К	Л	П
Р	Х	Ф	А	А	О	Д	Я	Г	Д	И	Т	У	О
О	Л	Б	Н	Л	Д	В	Ц	Ц	Ь	Ф	О	К	Ж
Д	Щ	Ч	И	Д	Е	Ф	І	Ш	Ф	Е	В	А	Е
А	С	Е	З	О	Н	Н	И	Й	Ж	С	И	И	Ж
М	О	Р	О	З	Н	Д	Т	Ф	С	Т	Й	Ґ	Ш
Е	Л	И	С	Т	Я	Н	И	Й	Б	И	С	Щ	С
С	Ґ	М	І	Г	Р	А	Ц	І	Я	В	А	И	Я
К	Л	І	М	А	Т	О	К	Р	Е	А	Д	Ґ	Д
У	Х	Ч	П	П	О	Г	О	Д	А	Л	І	Ч	У
Ф	Є	Х	Ч	П	Л	К	Т	Л	Г	Ь	С	Х	Л

ЖОЛУДЬ
ЯБЛУКА
КАШТАНИ
КЛІМАТ
ОДЯГ
ЛИСТЯНИЙ
РІВНОДЕННЯ
ФЕСТИВАЛЬ

ПОЖЕЖ
МОРОЗ
МІГРАЦІЯ
МІСЯЦІ
ПРИРОДА
ФРУКТОВИЙ САД
СЕЗОННИЙ
ПОГОДА

64 - Nutrition

```
З  Д  О  Р  О  В  Я  М  И  Ю  К  А  М  К
Д  Б  Ч  Т  Б  У  Д  М  С  Г  К  Р  Ц  А
О  Я  Я  Р  Р  Г  І  Р  К  И  Й  О  Є  Л
Р  Ж  Х  А  О  Л  Є  Я  Ш  Ю  Ф  М  Ц  О
О  И  Д  В  Д  Е  Т  Х  Я  Р  И  А  Т  Р
В  Т  К  Л  І  В  А  Д  Я  Н  І  Т  Н  І
И  Б  Ц  Е  Н  О  П  З  В  И  Ч  К  И  Й
Й  А  І  Н  Н  Д  Е  В  І  Т  А  М  І  Н
Б  Я  В  Н  Я  І  Т  И  П  О  С  Л  Ю  А
Ч  І  К  Я  А  В  И  И  М  К  А  О  Д  Ґ
Х  Ґ  Л  І  Ї  С  Т  І  В  Н  И  Й  У  Ю
Г  Т  Ь  К  С  Т  О  К  С  И  Н  К  Л  С
Ґ  Ь  К  Р  И  Т  П  О  Ж  И  В  Н  И  Й
Ж  Д  Ю  К  Е  О  Ь  О  Я  С  Л  Є  Ж  Л
```

АПЕТИТ	ЗВИЧКИ
ГІРКИЙ	ЗДОРОВ'Я
КАЛОРІЙ	ЗДОРОВИЙ
ВУГЛЕВОДІВ	ПОЖИВНИЙ
ДІЄТА	БІЛКИ
ТРАВЛЕННЯ	ЯКІСТЬ
ЇСТІВНИЙ	СОУС
БРОДІННЯ	ТОКСИН
АРОМАТ	ВІТАМІН

65 - Hiking

```
Ж Ш Ц И Т В А Р И Н Н К О Б
П Р И Р О Д А Л В Х С Е Р Н
И В П А И Ґ Д Ж Ц Б Ч М І Е
П А Р К И Щ К К К Є Р П Є Б
О Ч Г С Л С Л С А И М І Н Е
Г О В О Д А І Н У Р Й Н Т З
О Б Т Н Р К М Ц Л В Т Г А П
Д О О Ц У А А Г Є Ґ Ф А Ц Е
А Т М Е М М Т С А М І Т І К
Е И И А Ч Е Л Ж С С Е Ґ Я И
Ц Л В М Ґ Н Д И К И Й І И Є
У Ґ С Т П І Е Ґ С Є Щ Е Я Ж
Щ Ґ Я П І Д Г О Т О В К А И
Б С Ш С Л Д Ч І Т Ж Ж Т Ч Я
```

ТВАРИН	ПАРКИ
ЧОБОТИ	ПІДГОТОВКА
КЕМПІНГ	КАМЕНІ
КЛІМАТ	САМІТ
НЕБЕЗПЕКИ	СОНЦЕ
ВАЖКИЙ	ВТОМИВСЯ
КАРТА	ВОДА
ГОРА	ПОГОДА
ПРИРОДА	ДИКИЙ
ОРІЄНТАЦІЯ	

66 - Professions #1

```
Т А Н Ц Ю Р И С Т М Я Х Х А
П С И Х О Л О Г О Д К Є Ґ С
В Х Р В Е Т Е Р И Н А Р Ф Т
М Ж М П І А Н І С Т Р Е Т Р
Ч Р И О К Р Е Д А К Т О Р О
Б М С С С Р Г Е О Л О Г Е Н
А Е Л О М А А И Я Х Г Ю Н О
Н Д И Л У Ю Н В Л С Р В Е М
К С В А З А І Т Е Г А Е Р О
І Е Е О И Е Т Б Е Ц Ф Л Ц Р
Р С Ц Ж К Ж У О Д Х Ь І Ч Я
Є Т Ь Ш А А Н А Є Б Н Р Г К
Д Р В Є Н Т Т У У В М І Ш Х
Ф А С Х Т Л І К А Р М М К Б
```

ПОСОЛ	МИСЛИВЕЦЬ
АСТРОНОМ	ЮВЕЛІР
АДВОКАТ	МУЗИКАНТ
БАНКІР	МЕДСЕСТРА
КАРТОГРАФ	ПІАНІСТ
ТРЕНЕР	САНТЕХНІК
ТАНЦЮРИСТ	ПСИХОЛОГ
ЛІКАР	МОРЯК
РЕДАКТОР	КРАВЕЦЬ
ГЕОЛОГ	ВЕТЕРИНАР

67 - Dinosaurs

```
Р Ц Р М Ь В Е Л И К И Й Я Д
О Б Е К Р И Л А Н Л У Н Д О
З А П И Ф Д Ш Ф Д Т Щ Ь Є І
М Ж Т Р А В О Ї Д Н І С А С
І Ь И Д В Є Ф Н М А М О Н Т
Р Ґ Л З Н И К Н Е Н Н Я К О
Х Е І В Е Л И Ч Е З Н И Й Р
Є В Я П О Р О Ч Н Е Е В Л И
Ґ О І Т П О Т У Ж Н И Й Є Ч
Ь Л Б С І В С Е Ї Д Н И Й Н
Є Ю Ж І Т Щ Г Ь Т Ч Щ Я С И
В Ц Ц Б К Х Ґ Я З Е М Л Я Й
Щ І Т М Ц Н У Б С Ь И Ч Ф М
Ф Я И Ж Ґ М Г С О А Ш Щ С Є
```

ЗНИКНЕННЯ	ПОТУЖНИЙ
ЗЕМЛЯ	ДОІСТОРИЧНИЙ
ВЕЛИЧЕЗНИЙ	РЕПТИЛІЯ
ЕВОЛЮЦІЯ	РОЗМІР
ТРАВОЇДНІ	ВИД
ВЕЛИКИЙ	ХВІСТ
МАМОНТ	ПОРОЧНЕ
ВСЕЇДНИЙ	КРИЛА

68 - Barbecues

```
П Р С В Є Б Ю Д Б В Г Н В Ю
О В О Ч І В И І Р И Ь М Е Ц
М У З И К А Ш Т Д Л Є М Ч Х
І И Г О Л О Д И Я К Ш Ц Е Ю
Д Н Р Я Є М У Є С И У Д Р Ф
О Ж И М У Р О Д И Н А Р Я Ї
Р Щ Л Г А Р Я Ч Е Д У У К Ж
И Т Ь С О У С Ф В Ь Н З К А
Н О Ж І Г Р И Р Л Д Т І Н Ю
Л С А Л А Т И У І М Ц У Ґ Є
Є Л Ґ Ь Г Х И К Т Ц А Х Д Ю
Е Ш Т Ґ Ф Ю Ґ Т О Н Л С П Є
П А А Д М Ч Ґ С С Т Ж Щ Т Ю
И Н Ь Ю Ь Е Ь И Ш Б Є Ю Е О
```

КУРКА	ГАРЯЧЕ
ДІТИ	ГОЛОД
ВЕЧЕРЯ	НОЖІ
РОДИНА	МУЗИКА
ЇЖА	САЛАТИ
ВИЛКИ	СІЛЬ
ДРУЗІ	СОУС
ФРУКТ	ЛІТО
ІГРИ	ПОМІДОРИ
ГРИЛЬ	ОВОЧІ

69 - Surfing

```
Н Ф Ш Л У Н О К Д И У П О Н
Ж А С П О Р Т С М Е Н О А Н
В В Т С Р И Ф Р П Х Б П Ґ Д
Р К И О П И О Е Щ В В У Р Н
Щ Я Л Ф В Р В Я Б И Ь Л І О
В Е Ь Ю Е П Е Ш В Л Я Я У В
П Л Я Ж С Н С Й И Я О Р Ч А
Ь О Г Н Е О К Е А Н П Н Е Ч
В Ф И П Л А В А Т И І И М О
Ж Е Л Т О Л Б В Х П Н Й П К
Я Ф С И Щ Г С Т П Б А А І О
Ч Я Ч Л І К И П П И П Г О Ю
Е А Х Ц О Ж Л Ґ Я С А Є Н Щ
П О Г О Д А А Я Ш Є Е Б Е Н
```

СПОРТСМЕН	ПОПУЛЯРНИЙ
ПЛЯЖ	РИФ
НОВАЧОК	СПРЕЙ
ЧЕМПІОН	ШЛУНОК
НАТОВП	СИЛА
ПІНА	СТИЛЬ
ВЕСЕЛОЩІ	ПЛАВАТИ
ОКЕАН	ХВИЛЯ
ВЕСЛО	ПОГОДА

70 - Chocolate

```
У Д С О Л О Д К И Й П А Ч К
Л А К А Р А М Е Л Ь О Р Н Ф
Ю С А Ь Ь А Ю І Т Н Р О Е Ж
Б Р К Н Ж Е Р Ю Д У О М Ф А
Л Е А Є Д У У У Ю Б Ш А П Р
Е Ц О Г Ш И Е Я Ч М О Т Х А
Н Е У Х Ю В Т С В Щ К Ш Я Х
И П Щ К Я Е К З О Т И Ч Н І
Й Т Щ Ю Е Ю І А Д Л А Б Ь С
І А Г П Ц Р Ж М Л О Б О Ґ Ф
М Ц А О Д У К О К О С М Р И
К Я І В Ф Ш К И В В Р Ш О И
С М А Ч Н И Й О С Б Т І Н Ф
Я К І С Т Ь Г І Р К И Й Й П
```

ГІРКИЙ	УЛЮБЛЕНИЙ
КАКАО	АРОМАТ
КАЛОРІЙ	АРАХІС
ЦУКЕРКИ	ПОРОШОК
КАРАМЕЛЬ	ЯКІСТЬ
КОКОС	РЕЦЕПТ
СМАЧНИЙ	ЦУКОР
ЕКЗОТИЧНІ	СОЛОДКИЙ

71 - Vegetables

```
І П Ю В Я І Б Я Я М А А Щ С
Ч Е И І Р М У Ц Г Г И Ч П А
А Т Д Б І Б Р О К О Л І П Л
С Р Ю Ш П И Н А Т Р Ь Т О А
Н У Ф С А Р Т И Ш О К О М Т
И Ш І Ш Е Р Ґ П Г Х П Л І Ц
К К Б А К Л А Ж А Н Ч И Д И
Р А І Л Б М Е І У І У В О Б
Г Е П О М М О Р К В А К Р У
Ю А Д Т П О Г Ф А Ц Ш А Р Л
Р Г Р И Б Ц І С К Н Ґ П Е Я
О Г Е Б С И Р В Л Щ Я Я Ь Ц
А П Р У У А О Л Ґ Ш Х М Ц Р
К П Ґ Ц Х З К С Я В І Н Д Р
```

АРТИШОК	ЦИБУЛЯ
БРОКОЛІ	ПЕТРУШКА
МОРКВА	ГОРОХ
СЕЛЕРА	ГАРБУЗ
ОГІРОК	РЕДИС
БАКЛАЖАН	САЛАТ
ЧАСНИК	ШАЛОТ
ІМБИР	ШПИНАТ
ГРИБ	ПОМІДОР
ОЛИВКА	РІПА

72 - Boats

```
Д Щ Т Х Ц Ґ Ж Г Ж Ч Н Ш У Ч
П В Ж И Е М Ю Х Ц Ч К Є Ч Щ
Л О І Ж Є Г П Р М Щ Б Ч О Щ
І У Р Т М О Р Е А О З Е Р О
Т Ю Н О Р С И П Т Г Р М Ж М
Я К І Р М И П Я Е Л І Я Ш Т
Х Л Г М О Д Л Є Ч А Ч Б К Н
Д О К О Т В И Ь Е О К Е А Н
В Д Б Р У Л В Ґ Н Д А К Я Р
И Т П С З Я Ю Л Г И Ч І К Б
Г Ь Л Ь К П О Ь Є Щ К П Ч У
У А К К А Н О Е Я Х Т А В Й
Н І К І Д И Ж Ч П Ц Х Ж Г Ь
В К К М Р Я У С Є Ь Р Е К Ж
```

ЯКІР	МОРСЬКІ
БУЙ	ОКЕАН
КАНОЕ	ПЛІТ
ЕКІПАЖ	РІЧКА
ДОК	МОТУЗКА
ДВИГУН	ВІТРИЛЬНИК
ПОРОМ	МОРЯК
КАЯК	МОРЕ
ОЗЕРО	ПРИПЛИВ
ЩОГЛА	ЯХТА

73 - Activities and Leisure

```
Р  М  П  Л  Я  Х  Ґ  Б  Г  Б  С  У  Р  П
Г  И  Б  Х  О  Б  І  О  П  А  Е  У  О  О
К  С  Б  Г  Ж  И  П  К  Л  С  Р  У  З  О
Ш  Т  С  О  Є  Х  И  С  А  К  Ф  Щ  С  К
М  Е  Д  А  Л  П  М  Ж  В  Е  І  Т  Л  Ц
І  Ц  Е  І  Д  О  У  Ц  А  Т  Н  Ф  А  Щ
Д  Т  Д  І  І  І  В  Н  Б  Г  У  Б  П
Ц  В  Ю  Т  Ш  И  В  Л  Н  О  О  Т  Л  І
И  О  Л  В  Е  И  О  Н  Я  Л  Л  Б  Ю  Р
К  Е  М  П  І  Н  Г  Е  И  Н  Ь  О  Ю  Н
И  Ц  Б  Ь  Б  В  І  Г  М  Ц  Ф  Л  Ч  А
Б  Е  Й  С  Б  О  Л  С  Д  Ц  Т  Е  И  Н
В  О  Л  Е  Й  Б  О  Л  Н  И  Ґ  В  Й  Н
П  О  Д  О  Р  О  Ж  У  В  А  Т  И  О  Я
```

МИСТЕЦТВО	ХОБІ
БЕЙСБОЛ	РОЗСЛАБЛЮЮЧИЙ
БАСКЕТБОЛ	ФУТБОЛ
БОКС	СЕРФІНГ
КЕМПІНГ	ПЛАВАННЯ
ПІРНАННЯ	ТЕНІС
РИБОЛОВЛЯ	ПОДОРОЖУВАТИ
САДІВНИЦТВО	ВОЛЕЙБОЛ
ГОЛЬФ	

74 - Driving

```
А П І Ш О Х І Д Т К М Я Ш Р
Ш В И Д К І С Т Ь А О О Г Б
Ф Б Т У Н Е Л Ь Ь Р Т Ш Р Р
Ш Щ Е О Ч Г Е М О Т О Р Ф Х
Ф Ш Д З М Ґ Ж Р Ж А Ц І А Ю
Ш П О Б П О Н Ж Ґ Б И А І Т
Г А Р А Ж Е Б Л Ж Г К А Т П
М В О Х К П К І Г А Л Ь М А
Д А Г Щ Т Я О А Л З Ж Я Ж Л
Т Р А Ф І К Н Л Л Ь В Х К И
Л І Ц Е Н З І Я І Н О Т Б В
Б Я Щ Х Л Ф Я К Б Ц Д У П О
В А Н Т А Ж І В К А І Е П Я
Н Е Б Е З П Е К А Ш Й Я Ґ Е
```

АВАРІЯ	МОТОР
ГАЛЬМА	МОТОЦИКЛ
АВТОМОБІЛЬ	ПІШОХІД
НЕБЕЗПЕКА	ПОЛІЦІЯ
ВОДІЙ	ДОРОГА
ПАЛИВО	БЕЗПЕКА
ГАРАЖ	ШВИДКІСТЬ
ГАЗ	ТРАФІК
ЛІЦЕНЗІЯ	ВАНТАЖІВКА
КАРТА	ТУНЕЛЬ

75 - Professions #2

```
Ж Ф О Т О Г Р А Ф І Д Б Щ Ц
А У Ф І Л О С О Ф Л Е І Д Ґ
Л Ш Р Х І Р У Р Г Ю Т Б І В
І Х Р Н Л І К А Р С Е Л Н И
Н У А Г А Р В О Ц Т К І Ж Н
Г Д Ж У С Л П В В Р Т О Е А
В О О Ш Т П І И Ч А И Т Н Х
І Ж Ф М Р О Л С И Т В Е Е І
С Н Б І О Л О Г Т О Я К Р Д
Т И В Т Н Ч Т Ч Е Р Ш А Ф Н
Ц К С А А З О О Л О Г Р Е И
С А Д І В Н И К Ь Ф Т И Т К
Ж Ч Т С Т О М А Т О Л О Г О
П Ш Р У А Ь Ф Ф Е Р М Е Р Е
```

АСТРОНАВТ	БІБЛІОТЕКАР
БІОЛОГ	ЛІНГВІСТ
СТОМАТОЛОГ	ХУДОЖНИК
ДЕТЕКТИВ	ФІЛОСОФ
ІНЖЕНЕР	ФОТОГРАФ
ФЕРМЕР	ЛІКАР
САДІВНИК	ПІЛОТ
ІЛЮСТРАТОР	ХІРУРГ
ВИНАХІДНИК	ВЧИТЕЛЬ
ЖУРНАЛІСТ	ЗООЛОГ

76 - Emotions

```
Р З М І С Т С П О К І Й К Н
С А С Р Н Ж О Ж С Т Р А Х І
Ю Ь Д Б Л А Ж Е Н С Т В О Ж
Р Г Н І В Б Р П У П Т З І Н
П Я С Ч С І Ш К Д І С А С І
Р Ь М І П Т Д М Ь В М Д Д С
И С У Ш О Ч Ь И Г Ч Р О П Т
З Ф Т Е К Д И Б А У А В Л Ь
І Ф О Ч І Ц Г Х Ґ Т У О Ц К
Х Х К Щ Й Л Т П Т Т Н Л Я Ч
Х Г С М Н Е І Д Ґ Я А Е У І
К Р С Н И Л Ю Б О В Н Н Г Е
И Б Ц П Й Р В Д Я Ч Н И Й Е
Д О Б Р О Т А Ш Г Щ Ш Й А К
```

ГНІВ	ЛЮБОВ
БЛАЖЕНСТВО	МИР
НУДЬГА	СМУТОК
СПОКІЙНИЙ	ЗАДОВОЛЕНИЙ
ЗМІСТ	СЮРПРИЗ
СТРАХ	СПІВЧУТТЯ
ВДЯЧНИЙ	НІЖНІСТЬ
РАДІСТЬ	СПОКІЙ
ДОБРОТА	

77 - Mythology

```
Ш Т В Ч Б О Ж Е С Т В А Б Л
Ґ Є Ж І Л С Щ Я П Т У В Е А
Ф П Ю П И Б Л Ф Ш Р Ф Л З Б
П Х Ґ К С П Ь Ю В Ф Є Е С І
М Е Д Б К Ю Ф Р А П М Г М Р
Р Г Р М А У Н Н Р Щ О Е Е И
П Е Ж Е В Ь Л И Х О Н Н Р Н
О Р В Ч К Н Ґ Ь Е О С Д Т Т
М О К Н А О І С Т О Т А Я Ь
С Й О Е О Г Н Ж И У Р И Н Г
Т Д Ь Б Щ Щ Б А П В Р Я Н Р
А Г О О М П І В Н С В А Щ І
В О Ї Н С М Е Р Т Н И Й Є М
С Т В О Р Е Н Н Я Н Я Ф О Ц
```

АРХЕТИП	РЕВНОЩІ
ПЕРЕКОНАННЯ	ЛАБІРИНТ
СТВОРЕННЯ	ЛЕГЕНДА
ІСТОТА	БЛИСКАВКА
КУЛЬТУРА	МОНСТР
БОЖЕСТВА	СМЕРТНИЙ
ЛИХО	ПОМСТА
НЕБО	ГРІМ
ГЕРОЙ	ВОЇН
БЕЗСМЕРТЯ	

78 - Hair Types

```
Ч К О Р И Ч Н Е В И Й Ч Б Ь
С О К У Ч Е Р Я В И Й Ж Ф Р
Ф Я Р Т О Н К И Й Л И С И Й
Е Ф П Н Д О В Г И Й У Л К Р
Б М Я К И Й Ш Б Л Е Ф О К А
К Л К Д И Й П Л Е Т Е Н И Й
У З О О Є Я Ф И С Т С К Б Ф
Ч Д Я Н С П К С Р О У О І Щ
Е О С О Д И О К І В Х Р Л Ч
Р Р С І Р И Й У Б С И О И Д
Ц О Т М Щ Я Н Ч Л Т Й Т Й І
М В С І Е Е Д И О И В К Я Я
Н И С И Л Ь В Й Ґ Й Ш И В Ґ
Д Й Х В И Л Я С Т И Й Й Є А
```

ЛИСИЙ	ЗДОРОВИЙ
ЧОРНИЙ	ДОВГИЙ
БЛОНДИН	БЛИСКУЧИЙ
ПЛЕТЕНИЙ	КОРОТКИЙ
КОСИ	СРІБЛО
КОРИЧНЕВИЙ	М'ЯКИЙ
КУЧЕР	ТОВСТИЙ
КУЧЕРЯВИЙ	ТОНКИЙ
СУХИЙ	ХВИЛЯСТИЙ
СІРИЙ	БІЛИЙ

79 - Furniture

```
Ч Ь К К М А Т Р А Ц К В П М
Р Д З Е Р К А Л О С Е Ю О Ш
К Ш А К Ф І Ц Х Ч Ш Є Д Л Г
Н Ч Ж Б У Б С Т І Є А Щ И У
И Є Н Ю Т Е Ц Л І Ж К О Ц Ф
Ж Ч А Р О А Ь Є О Л И Б І Ь
К Ь Л О Н Ш К Ф Ж О Ґ Н К Б
О О А Ж Д К У І Б Г Д Щ П Т
В О М Г А М А К И Л И М О К
А Ч П О Д У Ш К И Ц В П Д Ґ
Ш Л А Ц Д У Т М Е Ц А Д У Є
А Х А С Ю Р О И Ф Ь Н О Ш М
Ф У У В Ж Ю Р О Ю И Ф Р К И
А А Н Е А Ґ И Е В Е Е К А Н
```

ЛІЖКО	ФУТОН
ЛАВА	ГАМАК
КНИЖКОВА ШАФА	ЛАМПА
КРІСЛО	МАТРАЦ
ДИВАН	ДЗЕРКАЛО
ШТОРИ	ПОДУШКА
ПОДУШКИ	КИЛИМОК
БЮРО	ПОЛИЦІ
КОМОД	

80 - Garden

```
Ж Ш І П П Ц С Д Х А А Х Х І
А Л Ф Ю Ь Н Т Е Ч Ь Ф Х Ф Р
П А Р К А Н Р Р Ь Б Л Л У П
Ц Н У К Є О А Е Г А Н О К І
Д Г К Ц В Г В В А Т С П З Ц
Д Б Т О Я І А О З У Т А Д А
К Т О А С Т Т Ю О Т А Т В Н
У Б В Ю Т Г Ж К Н Я В А Щ Ж
Щ Г И Р В Г Ж Ш А Д О Ґ К С
Г А Й А Е Г Ц Р Ь К Ц Я Ф
Є М С А Д Е В Ц А У Ц И Ф Ю
Ш А А Л А В А Г Р А Б Л І С
Н К Д Є Б Т Е Р А С А И Я П
Б У Р Я Н І В Н Ж У Г Д К С
```

ЛАВА	ФРУКТОВИЙ САД
КУЩ	СТАВОК
ПАРКАН	ГАНОК
КВІТКА	ГРАБЛІ
ГАРАЖ	ЛОПАТА
САД	ТЕРАСА
ТРАВА	БАТУТ
ГАМАК	ДЕРЕВО
ШЛАНГ	ЛОЗА
ГАЗОН	БУР'ЯНІВ

81 - Birthday

```
М З А П Р О Ш Е Н Н Я Щ С Щ
Ж У М О Л О Д И Й Ж Р Ш В А
Ч Ж Д Е Н Ь М П Ч Ш А В Я С
К Н А Р О Д И В С Я Д Е Т Л
А О В Н І О Ґ Є Ч Х І С К И
Л Ь Я А Є С Г Д Ґ Ф С Е У В
Е Ч Т О Л О Т С В И Н Л В И
Н И Х Б Я Б О Ь В Ф И О А Й
Д Р У З І Л Р Р Ю І Й Щ Н В
А П І И Д И Т Я Е Ж Ч І Н П
Р І Ф Т Ь В Р М Ґ И А К Я У
Ц С Д Ц Ж И Ж І Ж Ґ С В И Ю
Т Н Н Л І Й Ф Б К А Р Т К И
Є Я Л П Я А Д Ч У Д О В И Й
```

НАРОДИВСЯ	ЩАСЛИВИЙ
ТОРТ	ЗАПРОШЕННЯ
КАЛЕНДАР	РАДІСНИЙ
СВІЧКИ	ПІСНЯ
КАРТКИ	ОСОБЛИВИЙ
СВЯТКУВАННЯ	ЧАС
ДЕНЬ	МУДРІСТЬ
ДРУЗІ	РІК
ВЕСЕЛОЩІ	МОЛОДИЙ
ЧУДОВИЙ	

82 - Beach

```
С О Н Ц Е С О П Я П О О П Р
М А А О Ц Я М Щ Ю Л Ф Ц А У
О О Н М Л А Г У Н А Т Т Р Ш
С Ч Ф Д Б С Е П Б В Ж С А Н
Т О К Е А Н Ю К Ц А У Т С И
Р В Н Х У Л Л Ф Н Т Х Я О К
І Е Ч Ц Ф Л І Ь П И І І Л К
В Н Ц Ь Є А С И Н І Й Г Ь Р
У З Б Е Р Е Ж Ж Я Ш С М К А
В І Т Р И Л Ь Н И К Щ О А Б
В П Я Ш Ф Д О К Д У Ь Р К У
М Ґ М Я Ю Є Я Г Х Ь Г Е Ь Ґ
І Г Н Т И Ч Ш О П І К И Т С
В І Д П У С Т К А М Д Я Ь Л
```

СИНІЙ	ВІТРИЛЬНИК
ЧОВЕН	ПІСОК
УЗБЕРЕЖЖЯ	САНДАЛІ
КРАБ	МОРЕ
ДОК	СОНЦЕ
ОСТРІВ	ПЛАВАТИ
ЛАГУНА	РУШНИК
ОКЕАН	ПАРАСОЛЬКА
РИФ	ВІДПУСТКА

83 - Adjectives #1

```
Х У Д О Ж Н І Й Г Щ Ю Х Ч И
С Е Р Й О З Н И Й А Ю О Е Л
Ц І Н Н И Й А Ш Л С Р Г Б Л
Ч Л Е А Т П Р Н Е Л У Н І И
Щ Е Д Р И Й О Є У И Б І И І
Л К С Ш А И М Ю І В Щ Б М Й
П З Т Н Ь Ю А І Є И Ф К У В
А О Е Д И Ч Т Є К Й С О Е А
М Т М Ш Ф Й И И Щ Е Ш Р К Ж
Б И Н Ж Х Ь Ч В А Ж К И Й Л
І Ч И И Т О Н К И Й Т С Д И
Т Н Й Д О Ж И Ч Я Ь У Н Л В
Н І Ж Т Г Т Й Ч К Ч Є И Є И
І А Б С О Л Ю Т Н И Й Й В Й
```

АБСОЛЮТНИЙ	ЩАСЛИВИЙ
АМБІТНІ	ВАЖКИЙ
АРОМАТИЧНИЙ	КОРИСНИЙ
ХУДОЖНІЙ	ЧЕСНИЙ
ГАРНИЙ	ВАЖЛИВИЙ
ТЕМНИЙ	СЕРЙОЗНИЙ
ЕКЗОТИЧНІ	ТОНКИЙ
ЩЕДРИЙ	ЦІННИЙ

84 - Rainforest

```
А П Ф С П С П А Г П Д Ь К Х
Д Р Ь Л П С Щ О М А Ж О О Є
Ю И П И Ш А Ш Б В М У Д Р П
Р Р З У Ф В Я Н И А Н Ф І Ш
Е О Б Ц У Ц И І Д М Г П Н Л
С Д Е К Л І М А Т Т Л А Н Ф
Т А Р Ґ Х П С А М Ф І Б І Ї
А Ь Е Б О Т А Н І Ч Н И Й А
В И Ж И В А Н Н Я Х П М О Х
Р Є Е Ж В Д Ч У Ф Л Т К О М
А Д Н Г Р О М А Д А А О Р А
Ц І Н Н И Й Д Ш М Ф Х М Ч Р
І П Я П Р И Т У Л О К А Г И
Я Х С Ч Р К Ц О Ь Ю У Х Ч С
```

АМФІБІЇ	МОХ
ПТАХ	ПРИРОДА
БОТАНІЧНИЙ	ЗБЕРЕЖЕННЯ
КЛІМАТ	ПРИТУЛОК
ХМАРИ	ПОВАГА
ГРОМАДА	РЕСТАВРАЦІЯ
КОРІННІ	ВИД
КОМАХ	ВИЖИВАННЯ
ДЖУНГЛІ	ЦІННИЙ
ССАВЦІ	

85 - Technology

```
В Р Ґ Ц І П К Я Ш Л А Я Ш О
І Б Л И Х Н С О О Е Х Ф Р Ч
Щ Е Ґ Ф Р І Т К М Ц В А И Г
Ь Т Б Р Ф Х А Е У П Д Й Ф Ф
Б Б Л О Г А Т К Р Р Ю Л Т Р
Е М О В И Б И Р Ц Н С Т А С
З А С И Є Є С А Я Ь Е О Е Є
П Б А Й Т Ц Т Н Є Ч И Т Р Р
Е Р Ш С Н Г И А Ю В Ц Х Ж Е
К А М Е Р А К Ф І Ф В П Т У
А У К С Г Х А Д И С П Л Е Й
Ф З П О В І Д О М Л Е Н Н Я
Ґ Е Д А Н І В І Р У С Х Б У
М Р Д О С Л І Д Ж Е Н Н Я Ґ
```

БЛОГ	ФАЙЛ
БРАУЗЕР	ШРИФТ
БАЙТ	ІНТЕРНЕТ
КАМЕРА	ПОВІДОМЛЕННЯ
КОМП'ЮТЕР	ДОСЛІДЖЕННЯ
КУРСОР	ЕКРАН
ДАНІ	БЕЗПЕКА
ЦИФРОВИЙ	СТАТИСТИКА
ДИСПЛЕЙ	ВІРУС

86 - Landscapes

```
П О А З И С Р Ж Я А М Д Г Г
П А Х Е У І Є А Х Й С О Т А
Е П Г Д Ж Ц М А И С Г С Р Ж
Ч Л Ь О Д О В И К Б О Т П Е
Е Я А К Р Г Е Й З Е Р Р І Ч
Р Ж С Е І Б Ф В Є Р А І В І
А Р Н А Ч Т О У Т Г Ю В О Ф
Е Д Ш Н К Т Ж Л О О П Т С Г
Ж Ц Б Щ А Я Ю К О Х Т У Т Є
Я Щ Є Д О С Н А О Т Щ Н Р Т
Т Ж Ш С Я Р Щ Н Р М О Д І В
В О Д О С П А Д О У Ж Р В Ь
А Б Е В Х О З Е Р О Ч А К Б
Д О Л И Н А П У С Т Е Л Я Є
```

ПЛЯЖ	ОАЗИС
ПЕЧЕРА	ОКЕАН
ПУСТЕЛЯ	ПІВОСТРІВ
ГЕЙЗЕР	РІЧКА
ЛЬОДОВИК	МОРЕ
ПАГОРБ	БОЛОТО
АЙСБЕРГ	ТУНДРА
ОСТРІВ	ДОЛИНА
ОЗЕРО	ВУЛКАН
ГОРА	ВОДОСПАД

87 - Visual Arts

Ь	Ю	С	І	Ґ	Ч	Л	Ю	О	Ґ	П	Ф	В	Ь
М	Ф	П	Р	Є	Ю	К	А	С	М	Є	Д	С	Ч
А	Ш	С	Т	Щ	І	А	М	К	Р	У	Ч	К	А
Ж	Е	К	Е	Р	А	М	І	К	А	Ж	О	У	П
Ч	Д	Л	С	П	А	Ж	Ш	Ж	Е	Х	Л	Л	О
Т	Е	А	К	Ь	Ч	Ф	І	Л	Ь	М	І	Ь	Х
Ю	В	Д	Г	Л	И	Н	А	В	В	О	В	П	У
К	Р	Е	Й	Д	А	П	О	Р	Т	Р	Е	Т	Д
А	С	Ф	П	Г	Ф	Х	С	Т	Е	Ц	Ц	У	О
Ф	О	Т	О	Г	Р	А	Ф	І	Я	Т	Ь	Р	Ж
П	Е	Р	С	П	Е	К	Т	И	В	А	Ж	А	Н
М	О	Л	Ь	Б	Е	Р	Т	В	І	С	К	У	И
Л	О	А	Р	Х	І	Т	Е	К	Т	У	Р	А	К
Т	В	О	Р	Ч	І	С	Т	Ь	А	Є	Т	М	Ь

АРХІТЕКТУРА
ХУДОЖНИК
КЕРАМІКА
КРЕЙДА
ГЛИНА
СКЛАД
ТВОРЧІСТЬ
МОЛЬБЕРТ
ФІЛЬМ
ШЕДЕВР

РУЧКА
ОЛІВЕЦЬ
ПЕРСПЕКТИВА
ФОТОГРАФІЯ
ПОРТРЕТ
СКУЛЬПТУРА
ТРАФАРЕТ
ЛАК
ВІСК

88 - Plants

```
П Е В К І Ф Ф С Б Н С І Ю Ц
Л Е И Ц Р Л Г Д О Б Р И В О
Ю Р Л Ш М О Х М Т Р А В А К
Щ О І Ю Т Р К А А Т Л П У В
К С С К С А Д Х Н Ц Ь Е Р А
Р Л Ю В У Т О Щ І Є П М С С
У И Т І И Щ К А К Т У С Ш О
Д Н М Т Ж О Б А А У Е М Д Л
Е Н М К Т И С Л И С Т Я Ь Я
Р І Ш А И С Т Н К О Р І Н Ь
Е С И Ю Щ Ш Я Г О Д А Д Е Б
В Т К Ю Є Б Ц Д Е В Ь И Д Є
О Ь И Ф Б А М Б У К А Ц Ь И
Ц Н Ь Щ Н Є Б Щ П У Л Ч А Ф
```

БАМБУК	ЛІС
КВАСОЛЯ	САД
ЯГОДА	ТРАВА
БОТАНІКА	ПЛЮЩ
КУЩ	МОХ
КАКТУС	ПЕЛЮСТКА
ДОБРИВО	КОРІНЬ
ФЛОРА	ОСНОВА
КВІТКА	ДЕРЕВО
ЛИСТЯ	РОСЛИННІСТЬ

89 - Countries #2

```
Л П Е Б Я Я А Ф Б І Ч У Я В
А А Щ Ф Н М П Е Н Ю Т К П У
О К В Ж У И А О К І Р Р Р Ц
С И Ґ Л Ф Ч Л Й Н М Ж А А Я
Б С М Я П Ю Б Х К І П Ї Є Ц
О Т И С О М А Л І А Я Н У С
Д А Н І Я М Н Г Ю Є Ч А Г У
Е Н Е П А Л І В А Н Ш Р А Д
С И Р І Я Ь Я У Е Ї Ф О Н А
Н І Г Е Р І Я Е Г Е Т С Д Н
Л І Б Е Р І Я Л Ц Ч Ґ І А Ж
Е Ф І О П І Я Л Р Е Ч Я Я Н
Г Р Е Ц І Я М Е К С И К А Є
К Е Є І М В Ф Р Є Я Ф І Е Р
```

АЛБАНІЯ	МЕКСИКА
ДАНІЯ	НЕПАЛ
ЕФІОПІЯ	НІГЕРІЯ
ГРЕЦІЯ	ПАКИСТАН
ГАЇТІ	РОСІЯ
ЯМАЙКА	СОМАЛІ
ЯПОНІЯ	СУДАН
ЛАОС	СИРІЯ
ЛІВАН	УГАНДА
ЛІБЕРІЯ	УКРАЇНА

90 - Ecology

```
Є П Ш Д Е Ц Ь П Е В И Д З О
Ц Р Ц Р Е С У Р С И Р С А Г
Т И Ш О Д Н Д И Ф Ж О Є С Р
Ж Р Щ С Б Г О Р И И С Г У О
Ю О Ф Л О Р А О Х В Л Л Х М
Ґ Д В И Л Ю У Д Ч А И О А А
Ф А Б Н О Ч Ґ Н М Н Н Б Х Д
К А Ж И Т Ф С И О Н Н А Ч В
І Л У У О Ф Ь Й Р Я І Л Р Ц
Т С І Н М Д Ю Т С Ґ С Ь Ч Р
Р Ш Щ М А Я Я Ш Ь М Т Н Б Ч
Е У Ч И А В М Р К Р Ь И С И
Ґ Я Ь У Ц Т Т О И Ф К Й У Щ
И Б Ґ Ц Г С Ч Ь Й Ю Щ Ш Л Ґ
```

КЛІМАТ	ГОРИ
ГРОМАД	ПРИРОДНИЙ
ЗАСУХА	ПРИРОДА
ФАУНА	РОСЛИНИ
ФЛОРА	РЕСУРСИ
ГЛОБАЛЬНИЙ	ВИД
МОРСЬКИЙ	ВИЖИВАННЯ
БОЛОТО	РОСЛИННІСТЬ

91 - Adjectives #2

```
О П И С О В И Й Г А Р Я Ч Е
Ю И Щ Ч Е Л Е Г А Н Т Н И Й
А С Е З Д О Р О В И Й О Н Ч
С Х Є Щ І М Ю Л Ж Я А В Ц Т
О П О Б Д А Р О В А Н И Й Д
Н Ш Р Ц Ц Я Є Д С Ґ П Й К Р
Н Г О А І Н Ш Н У Д Р И П А
И К О Ь В К О И Х Д И С С М
Й Ж Ю Р К Ж А Й И И Р О И А
Я Б И Н Д И Н В Й К О Ф Л Т
Т В О Р Ч И Й І И И Д Ф Ь И
С О Л О Н И Й Р М Й Н Ш Н Ч
П Р О Д У К Т И В Н И Й И Н
В І Д О М И Й Щ Е Є Й У Й І
```

СПРАВЖНІМ	ГОЛОДНИЙ
ТВОРЧИЙ	ЦІКАВИЙ
ОПИСОВИЙ	ПРИРОДНИЙ
ДРАМАТИЧНІ	НОВИЙ
СУХИЙ	ПРОДУКТИВНИЙ
ЕЛЕГАНТНИЙ	ГОРДИЙ
ВІДОМИЙ	СОЛОНИЙ
ОБДАРОВАНИЙ	СОННИЙ
ЗДОРОВИЙ	СИЛЬНИЙ
ГАРЯЧЕ	ДИКИЙ

92 - Math

```
Д І А М Е Т Р А Д І У С О Р
Г Е П О К А З Н И К П П Б А
П Е С У М А Ю П В Х А Р С Б
Е А О Я И Х Я І Є Ж Р Я Я А
Д П Р М Т Н Г К Є Я А М Г Г
П Ь Д А Е К У Т И П Л О Щ А
Ь Ц Н Ґ Л Т О Щ Д Х Е К Х Т
С Щ Ч Е Г Е Р В Ю Х Л У Т О
Ф Д И П Є И Л І И А Ь Т Р К
Е О К Р У Г Є О Я Й Н Н Ь У
Р І В Н Я Н Н Я Г Ю И И Х Т
А Ш П Е Р И М Е Т Р Й К Ч Н
А Р И Ф М Е Т И К А А Т С И
Ґ Т Е С И М Е Т Р І Я М А К
```

КУТИ   ПЕРИМЕТР
АРИФМЕТИКА   БАГАТОКУТНИК
ОКРУГ   РАДІУС
ДЕСЯТКОВИЙ   ПРЯМОКУТНИК
ДІАМЕТР   СФЕРА
РІВНЯННЯ   ПЛОЩА
ПОКАЗНИК   СУМА
ГЕОМЕТРІЯ   СИМЕТРІЯ
ПАРАЛЕЛЬНИЙ   ОБСЯГ
ПАРАЛЕЛОГРАМ

93 - Water

Ю	В	Г	Ц	В	В	Д	Щ	К	Г	Ґ	Є	Щ	З
Н	Ф	Е	С	Ц	О	О	К	Е	А	Н	Ь	Ч	Р
У	Ґ	Й	И	Я	П	Щ	Л	С	Н	І	Г	Ґ	О
І	О	З	Е	Р	О	И	М	О	Р	О	З	С	Ш
П	Д	Е	А	І	Я	Ф	Т	Ф	Г	Ф	М	Д	Е
Л	А	Р	Т	Ч	Ц	Ц	К	Н	І	І	У	У	Н
С	Д	Р	Ч	К	Г	Ж	М	Д	И	Ц	С	Ш	Н
С	У	Ш	І	А	Щ	Ш	Д	Ж	Ч	Й	О	Т	Я
В	И	П	А	Р	О	В	У	В	А	Н	Н	Я	Ь
Х	В	И	Л	І	Я	О	К	Л	Е	Ю	О	Е	О
У	Р	А	Г	А	Н	Л	А	І	А	С	В	Н	Л
Х	Щ	Т	У	Т	И	О	Н	Д	Щ	Ч	Є	И	В
Ю	Ґ	И	Ґ	К	Ф	Г	А	П	О	В	І	Н	Ь
Д	Х	Я	Ю	С	Р	І	Л	Р	Н	Ц	Р	Є	П

КАНАЛ	ОЗЕРО
ПИТНИЙ	ВОЛОГІ
ВИПАРОВУВАННЯ	МУСОН
ПОВІНЬ	ОКЕАН
МОРОЗ	ДОЩ
ГЕЙЗЕР	РІЧКА
ВОЛОГІСТЬ	ДУШ
УРАГАН	СНІГ
ЛІД	ПАР
ЗРОШЕННЯ	ХВИЛІ

94 - Activities

```
М Б С С Р Ч Ґ Є Ц Р Е И А П
И Д Б Т Р И Б О Л О В Л Я О
С З А Н Д Т Н И К З Ш Д Р Л
Т А Н Ц І А Я Ь Г С М О Е Ю
Е Д К К Я Н Є Ж К Л А З М В
Ц О Е Е Л Н Т В Д А Г В Е А
Т В Р М Ь Я Д Е Я Б І І С Н
В О А П Н Г Д Є Р Л Я Л Л Н
О Л М І І А С П І Е І Л А Я
Д Е І Н С Ф И Ц Г Н С Я Х С
Я Н К Г Т О Я Г Р Н Д И А Ю
К Н А Ь Ь Ґ Щ А И Я Ж Ь Е Е
Ь Я Ф О Т О Г Р А Ф І Я М Є
А С Л Р Ш И Т Т Я Л Л І Я Л
```

ДІЯЛЬНІСТЬ
МИСТЕЦТВО
КЕМПІНГ
КЕРАМІКА
РЕМЕСЛА
ТАНЦІ
РИБОЛОВЛЯ
ІГРИ
ПОЛЮВАННЯ

ІНТЕРЕСИ
ДОЗВІЛЛЯ
МАГІЯ
ФОТОГРАФІЯ
ЗАДОВОЛЕННЯ
ЧИТАННЯ
РОЗСЛАБЛЕННЯ
ШИТТЯ

95 - Literature

```
Р  М  Р  Х  А  Н  А  Л  І  З  И  О  П  С
О  Е  П  Ю  В  Е  Ф  Г  Д  І  А  Л  О  Г
П  Т  О  Е  Т  П  С  Х  Б  Я  Н  Р  Е  Т
О  А  Р  Ь  О  Р  І  Ц  І  В  Е  О  Т  Р
В  Ф  І  М  Р  И  Т  М  О  І  К  М  И  А
І  О  В  Х  М  М  Т  В  Г  Р  Д  А  Ч  Г
Д  Р  Н  И  П  А  Ч  И  Р  Ш  О  Н  Н  Е
А  А  Я  С  С  Х  І  Г  А  О  Т  Ф  И  Д
Ч  Ц  Н  Є  Т  Н  Е  Б  Ф  П  Н  І  Й  І
П  Ь  Н  Н  Т  И  О  Б  І  И  О  К  Є  Я
П  Ь  Я  О  У  Е  Л  В  Я  С  Т  К  М  Н
В  И  Г  А  Д  К  А  Ь  О  Е  Е  Я  И  С
Ф  А  Н  А  Л  О  Г  І  Я  К  М  А  У  І
М  У  Ж  Ґ  Ж  П  Я  О  В  Д  А  Ф  Ж  Е
```

АНАЛОГІЯ	МЕТАФОРА
АНАЛІЗ	ОПОВІДАЧ
АНЕКДОТ	РОМАН
АВТОР	ВІРШ
БІОГРАФІЯ	ПОЕТИЧНИЙ
ПОРІВНЯННЯ	РИМА
ВИСНОВОК	РИТМ
ОПИС	СТИЛЬ
ДІАЛОГ	ТЕМА
ВИГАДКА	ТРАГЕДІЯ

96 - Geography

```
Р О В Т К П К А Р Т А Г Ж Ю
Ь К И Е П О І А И Е М С Ш К
Ц Е С Р І С Н В Д А Г В И Р
А А О И В Т М Т К Е М І Р А
Т Н Т Т Н Р Е П И У Б Т О Ї
Л Б А О І І Р І А Н Л Ш Т Н
А Г Д Р Ч В И В У Є Е Я А А
С Є Я І Е В Д Д А А Є Н Х У
І К А Я Ю С І Е Г О Р А Т Е
М О Р Е Л Л А Н М І С Т О Ф
У Б Л Ф Б Ф Н Ь Р І Ч К А Ф
Г У Ж В Н П П Д Б И Е И Я В
Ґ В А Ф Ґ С Ч О П Т М И В Е
З А Х І Д Л Ф Л Ц И Х І Ф Д
```

АТЛАС	ГОРА
МІСТО	ПІВНІЧ
КОНТИНЕНТ	ОКЕАН
КРАЇНА	РЕГІОН
ВИСОТА	РІЧКА
ПІВКУЛЯ	МОРЕ
ОСТРІВ	ПІВДЕНЬ
ШИРОТА	ТЕРИТОРІЯ
КАРТА	ЗАХІД
МЕРИДІАН	СВІТ

97 - Pets

```
И  К  Ч  І  Щ  І  Ч  Ш  К  І  Ш  К  А  И
Р  О  В  Е  Т  Е  Р  И  Н  А  Р  Л  В  И
Ш  М  О  К  Р  О  Л  И  К  О  Ш  Е  Н  Я
Н  І  Д  О  Н  Е  А  Ї  Я  Щ  І  Р  К  А
Щ  Р  А  Р  М  Ж  П  П  Ж  Ґ  Б  Я  Л  Н
Ж  Н  Ж  О  Ш  Ж  И  А  Т  А  Н  Ц  Ь  І
Т  П  Ц  В  Х  У  Т  П  Х  О  М  Я  К  У
К  О  З  А  В  Ж  Д  У  Д  А  Д  Я  Г  Щ
Г  Т  Я  П  І  М  П  Г  Є  Т  П  Г  С  П
Н  Ф  Н  Л  С  Ф  К  А  Ц  У  Ц  Е  Н  Я
М  Т  Б  Ц  Т  А  Г  Ф  Ш  Т  Я  Ь  С  Л
И  И  Я  Л  Л  А  С  Р  Р  Р  И  Б  А  Ф
Ш  Ж  Х  Ь  С  Ч  Ч  Ь  Ь  И  Р  И  Ю  С
А  У  Ю  А  Ж  А  Д  Р  Ґ  Ь  Т  С  Ф  Ш
```

КІШКА	МИША
КОМІР	ПАПУГА
КОРОВА	ЛАПИ
ПЕС	ЦУЦЕНЯ
РИБА	КРОЛИК
ЇЖА	ХВІСТ
КОЗА	ЧЕРЕПАХА
ХОМ'ЯК	ВЕТЕРИНАР
КОШЕНЯ	ВОДА
ЯЩІРКА	

98 - Nature

```
П У С Т Е Л Я Х Д С К У Д М
Г Д Е Ю Щ П Ц М И Р Н О И С
Ґ О Р С Л І С А Ш Б Е Д Н К
М Ф Р В Р Г И Р К Д Р И А Е
Р Ц Ж И Ґ Р У И Ц Ж О К М Л
Ф Т Б Р Н А І Р Ґ І З И І І
Л Ь О Д О В И К І Л І Й Ч А
С В Я Т И Л И Щ Е Ч Я Т Н Ш
Г Ч Ю М Т И Г Т Б В К В И К
Е Т М У Ю С О М У К Ю А Й Р
Ю Ф Х П И Т О Т Н М Ь Р Щ А
И Т Ю О П Я Е Щ Д О А И Ч С
А Р К Т И Ч Н И Й Є Н Н Я А
Б Е З Т У Р Б О Т Н И Й К Е
```

ТВАРИН
АРКТИЧНИЙ
КРАСА
БДЖІЛ
СКЕЛІ
ХМАРИ
ПУСТЕЛЯ
ДИНАМІЧНИЙ
ЕРОЗІЯ
ТУМАН

ЛИСТЯ
ЛІС
ЛЬОДОВИК
ГОРИ
МИРНО
РІЧКА
СВЯТИЛИЩЕ
БЕЗТУРБОТНИЙ
ДИКИЙ

99 - Championship

```
С  Д  Ч  О  К  И  Ц  К  Ж  Ж  Л  І  Г  А
П  Е  Р  Е  М  О  Г  А  Е  А  Є  Г  Ш  П
О  Ч  Ю  С  М  О  М  Н  Щ  К  Ц  Р  Е  И
Р  Е  Л  Ч  Е  П  А  А  Т  В  Н  И  Ь  П
Т  М  Е  П  С  Є  І  Ф  Н  Л  Ь  Р  Л  І
И  П  Г  Т  Ю  Л  Ч  О  А  Д  А  Ш  Е  Т
Ф  І  Н  А  Л  І  С  Т  Н  С  А  Є  М  А
М  О  Т  И  В  А  Ц  І  Я  М  У  Ж  Ю  Б
Ю  Н  Ж  Ф  Т  І  Д  Т  У  Е  Т  Д  Ь  Н
Ц  А  А  Р  Щ  Л  А  У  Х  Д  У  Ю  Д  Я
І  Т  Р  Е  Н  Е  Р  Ф  Ґ  А  Р  Ґ  Х  Я
В  И  К  О  Н  А  Н  Н  Я  Л  Н  Ґ  И  Е
С  Т  Р  А  Т  Е  Г  І  Я  Ь  І  Т  Ф  Ч
Ц  Р  М  І  С  М  С  Я  Ц  Ь  Р  Ц  Б  Щ
```

ЧЕМПІОН	МОТИВАЦІЯ
ЧЕМПІОНАТ	ВИКОНАННЯ
ТРЕНЕР	ПІТ
ФІНАЛІСТ	СПОРТ
ІГРИ	СТРАТЕГІЯ
СУДДЯ	КОМАНДА
ЛІГА	ТУРНІР
МЕДАЛЬ	ПЕРЕМОГА

100 - Vacation #2

```
Т Ю М Г Ж Л Є Т С І А К П І
Ь Г О Т Е Л Ь Г А К С Н Ц Н
Т И Р Л Д Ф Г Ґ Ц К Т П Х О
М Р Е П В Г О Б Ю Б С Є Т З
Ф К А Д Щ Б Ш Ф Г Ю Х І Ґ Е
Л Н Я Н Ж А Е Р О П О Р Т М
А Ш Т А С Щ Х Ф Р Ж В У І Е
П Х В М Ч П Ж Ф И И Ш У Е Ц
О А Є Е І Н О З Е М Н И Й Ь
Д У С Т Т Л Я Р С К А Р Т А
О Ю Н П О Ї З Д Т Ю П Г У Н
Р К Ф Д О З В І Л Л Я Щ Є М
О П Л Я Ж Р К Е М П І Н Г Ч
Ж У Л С В Я Т О С Т Р І В М
```

АЕРОПОРТ	ДОЗВІЛЛЯ
ПЛЯЖ	КАРТА
КЕМПІНГ	ГОРИ
ІНОЗЕМНИЙ	ПАСПОРТ
ІНОЗЕМЕЦЬ	МОРЕ
СВЯТО	ТАКСІ
ГОТЕЛЬ	НАМЕТ
ОСТРІВ	ПОЇЗД
ПОДОРОЖ	ТРАНСПОРТ

1 - Food #1

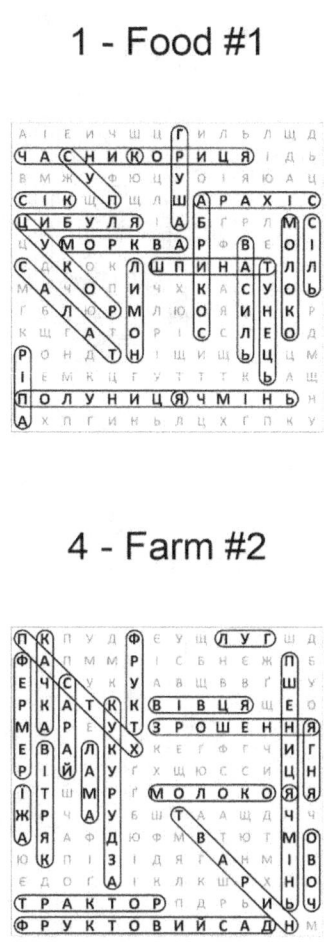

2 - Castles

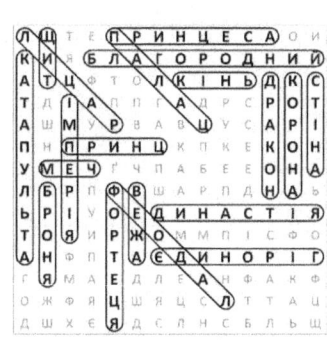

3 - Measurements

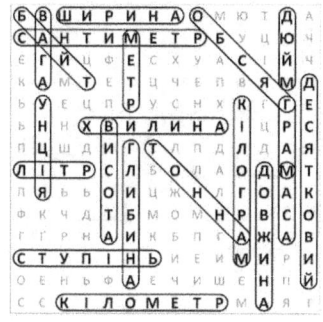

4 - Farm #2

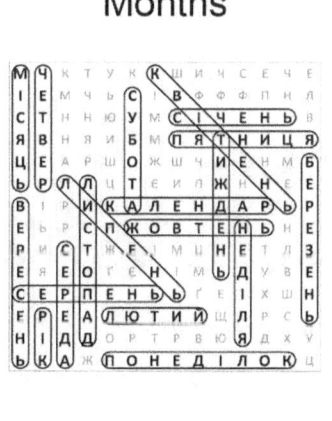

5 - Books

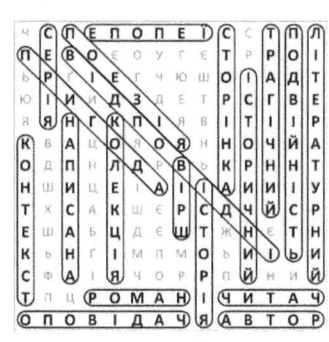

6 - Meditation

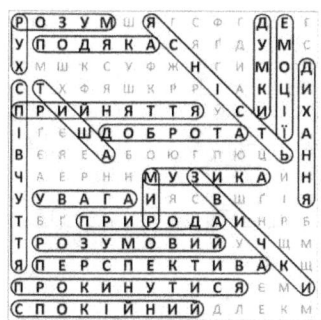

7 - Days and Months

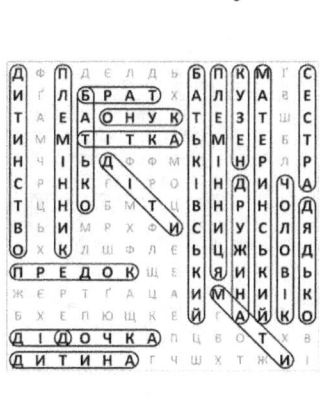

8 - Chess

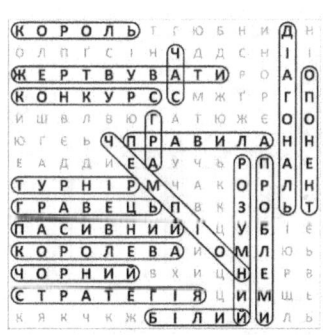

9 - Food #2

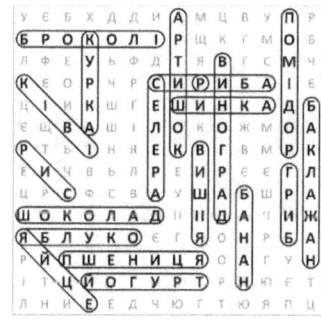

10 - Family

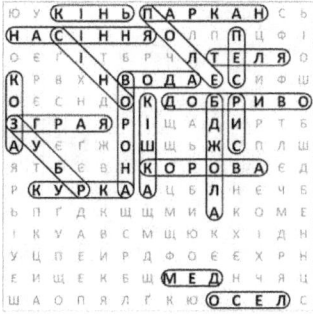

11 - Farm #1

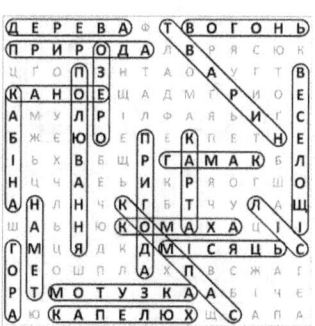

12 - Camping

13 - Cats

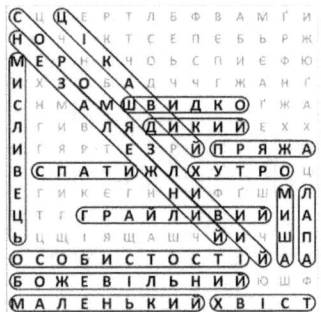

14 - Numbers

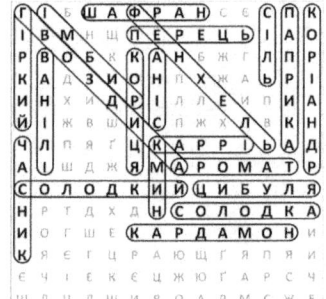

15 - Spices

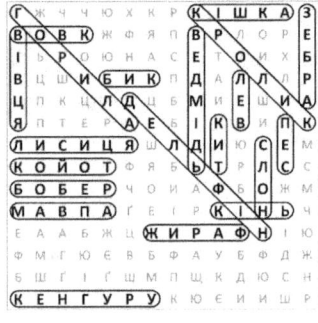

16 - Mammals

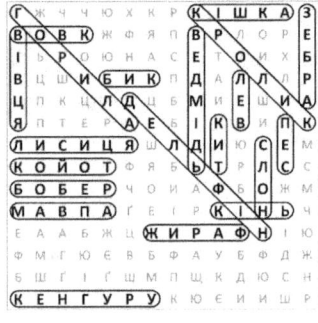

17 - Fishing

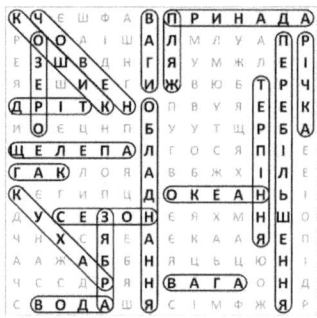

18 - Restaurant #1

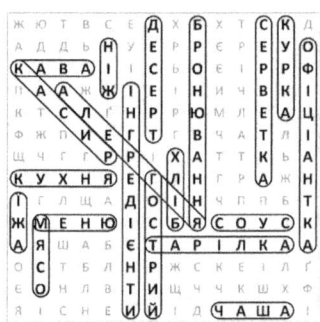

19 - Bees

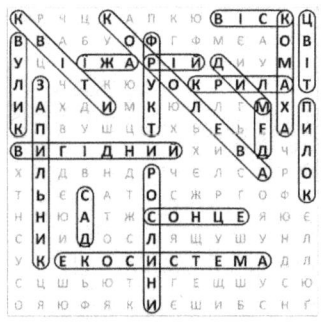

20 - Sports

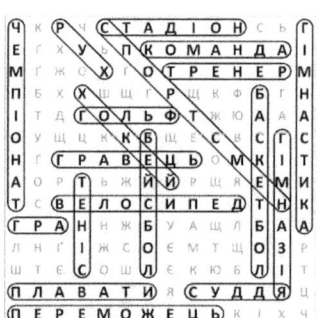

21 - Weather

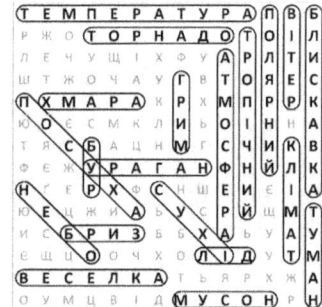

22 - Adventure

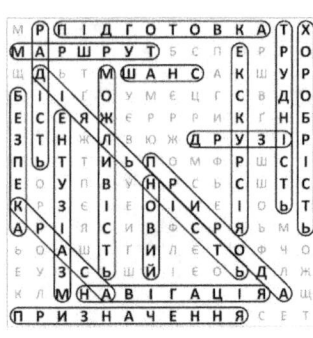

23 - Circus

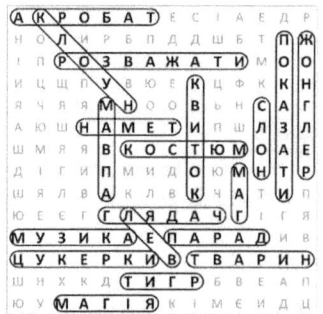

24 - Restaurant #2

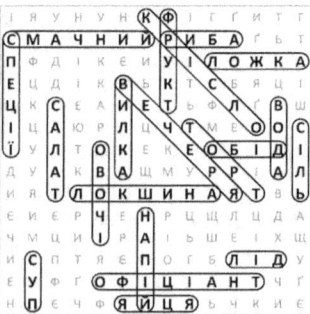

25 - Geology
26 - House
27 - Comedy
28 - Bathroom
29 - School #1
30 - Dance
31 - Colors
32 - Climbing
33 - Shapes
34 - Scientific Disciplines
35 - School #2
36 - Science

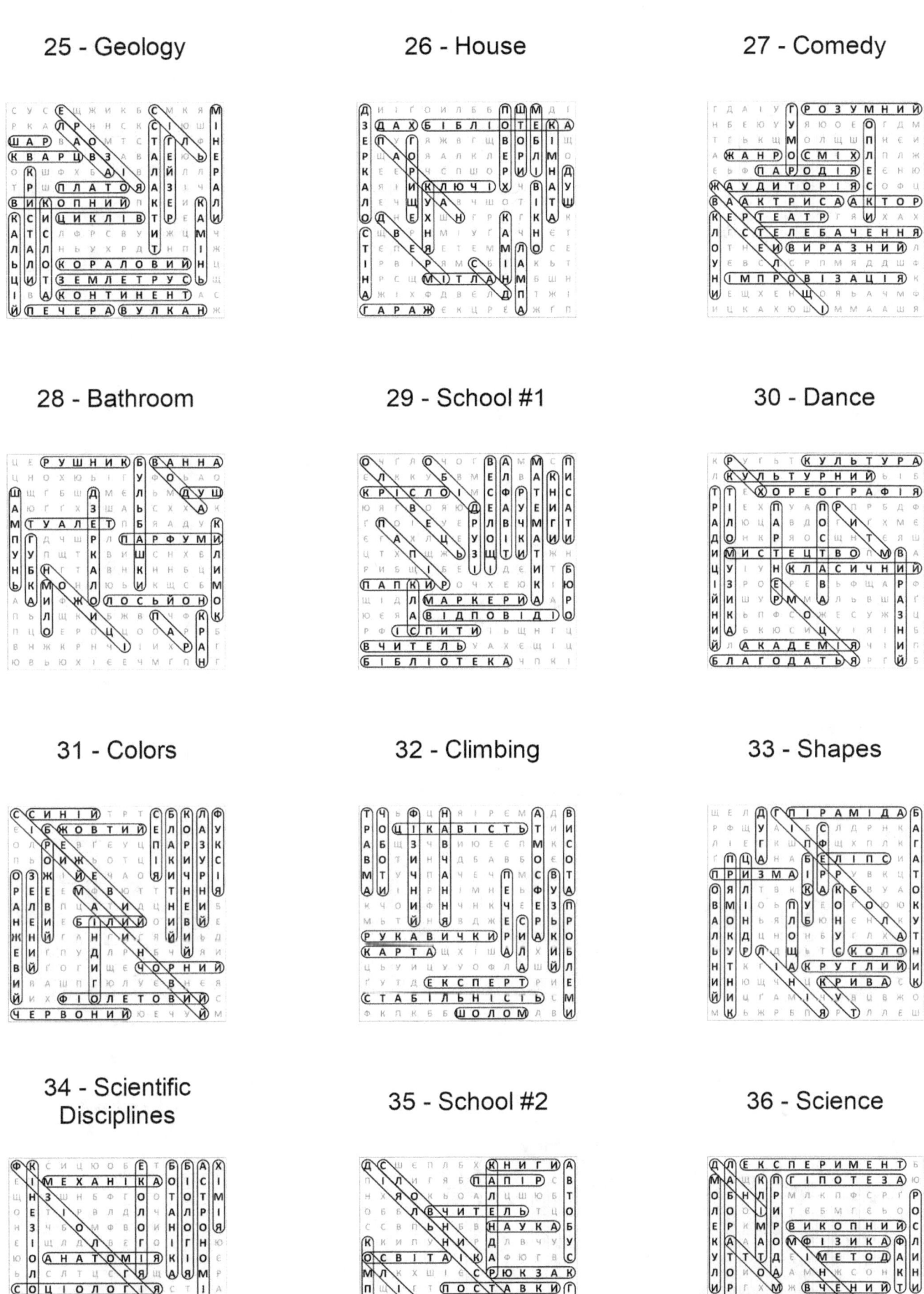

37 - To Fill

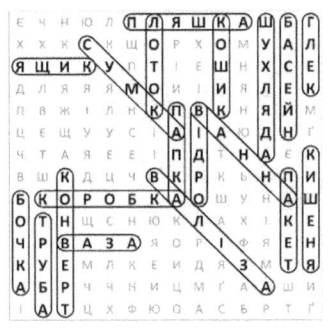

38 - Summer

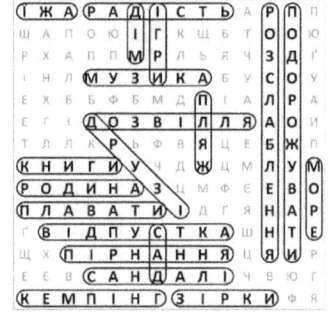

39 - Clothes

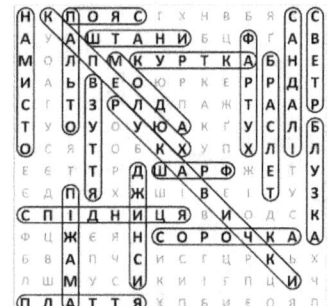

40 - Insects

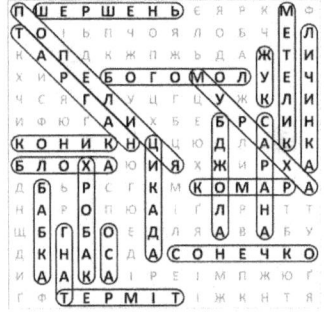

41 - Astronomy

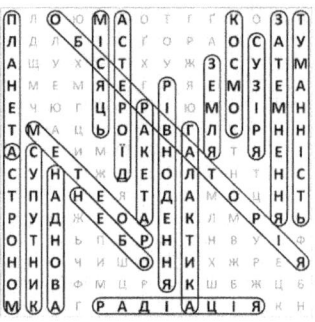

42 - Pirates

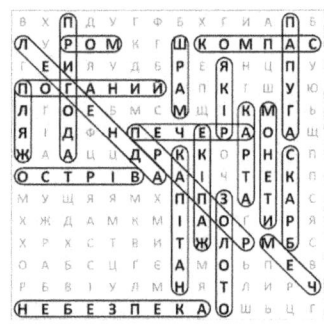

43 - Time

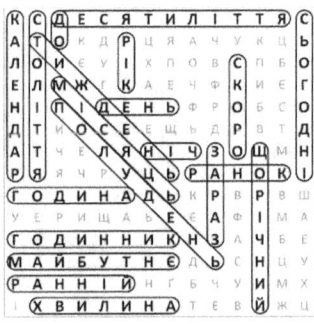

44 - Buildings

45 - Herbalism

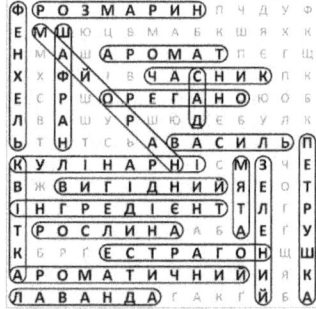

46 - Toys

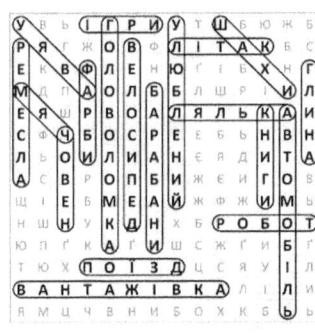

47 - Vehicles

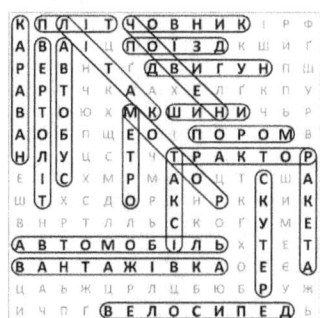

48 - Flowers

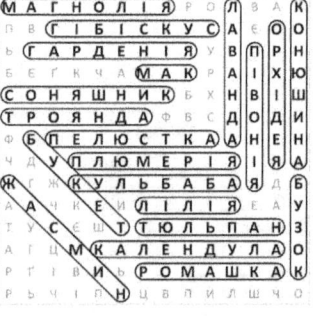

49 - Town

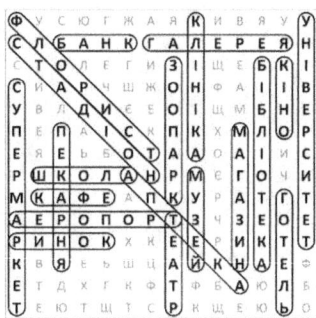

50 - Antarctica

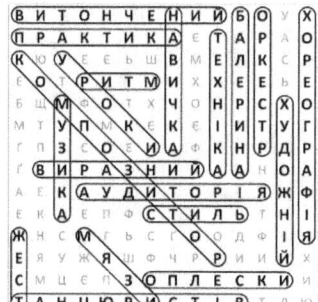

51 - Ballet

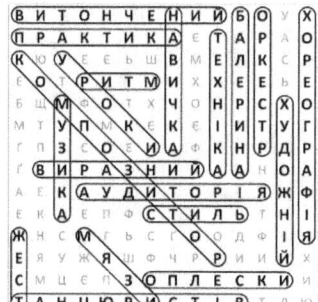

52 - Human Body

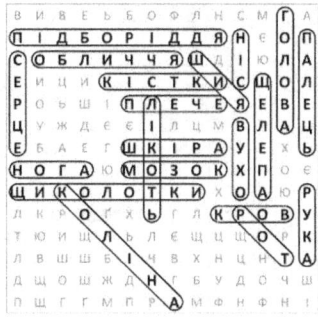

53 - Musical Instruments

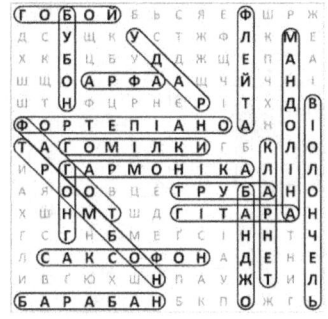

54 - Fruit

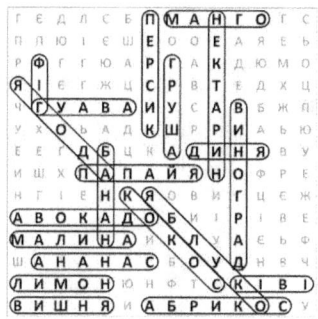

55 - Virtues #1

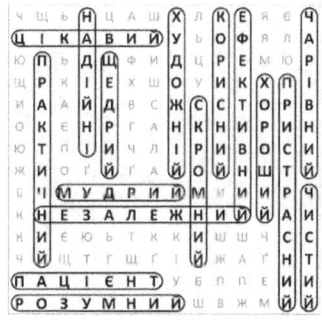

56 - Kitchen

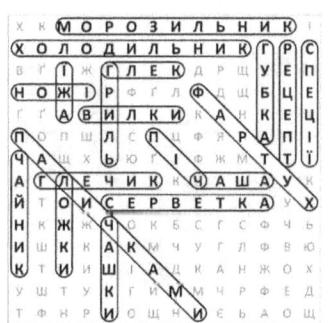

57 - Art Supplies

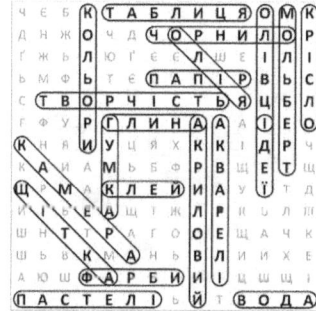

58 - Science Fiction

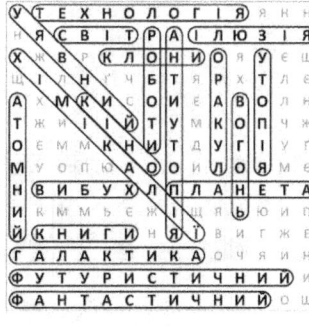

59 - Airplanes

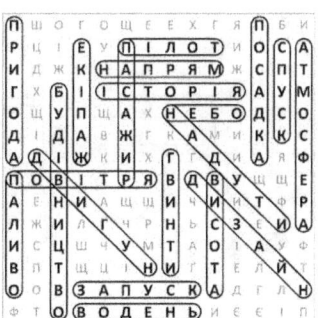

60 - Ocean

61 - Birds

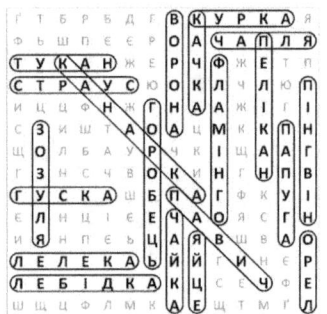

62 - Art

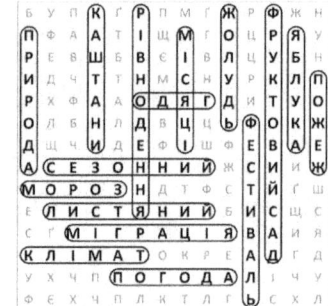

63 - Autumn

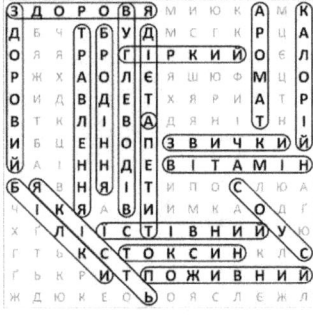

64 - Nutrition

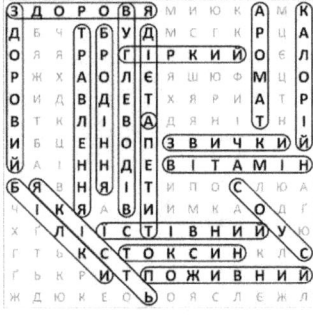

65 - Hiking

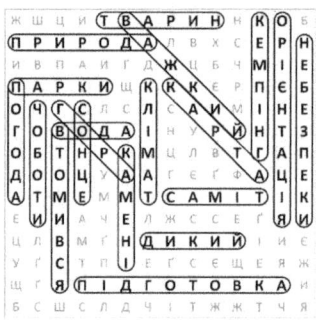

66 - Professions #1

67 - Dinosaurs

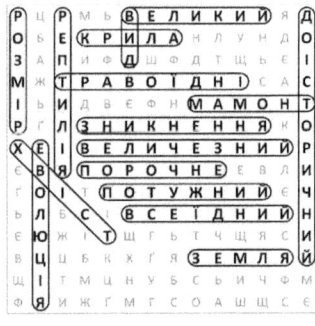

68 - Barbecues

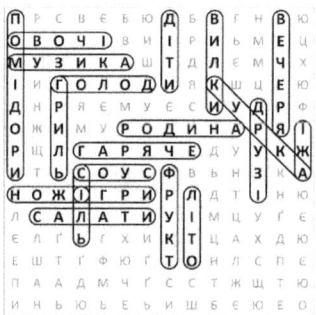

69 - Surfing

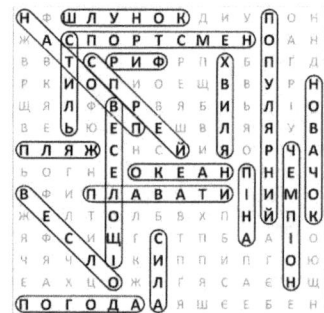

70 - Chocolate

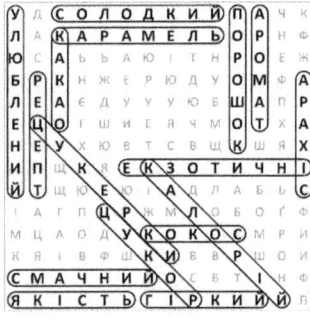

71 - Vegetables

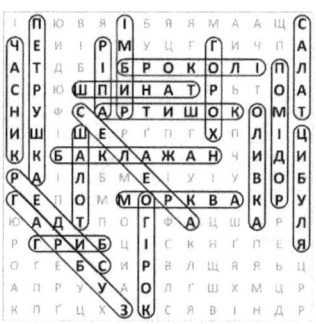

72 - Boats

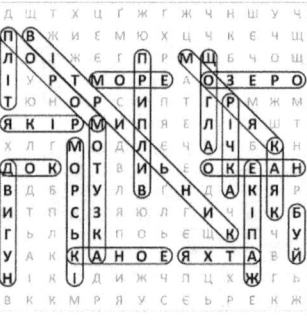

73 - Activities and Leisure

74 - Driving

75 - Professions #2

76 - Emotions

77 - Mythology

78 - Hair Types

79 - Furniture

80 - Garden

81 - Birthday

82 - Beach

83 - Adjectives #1

84 - Rainforest

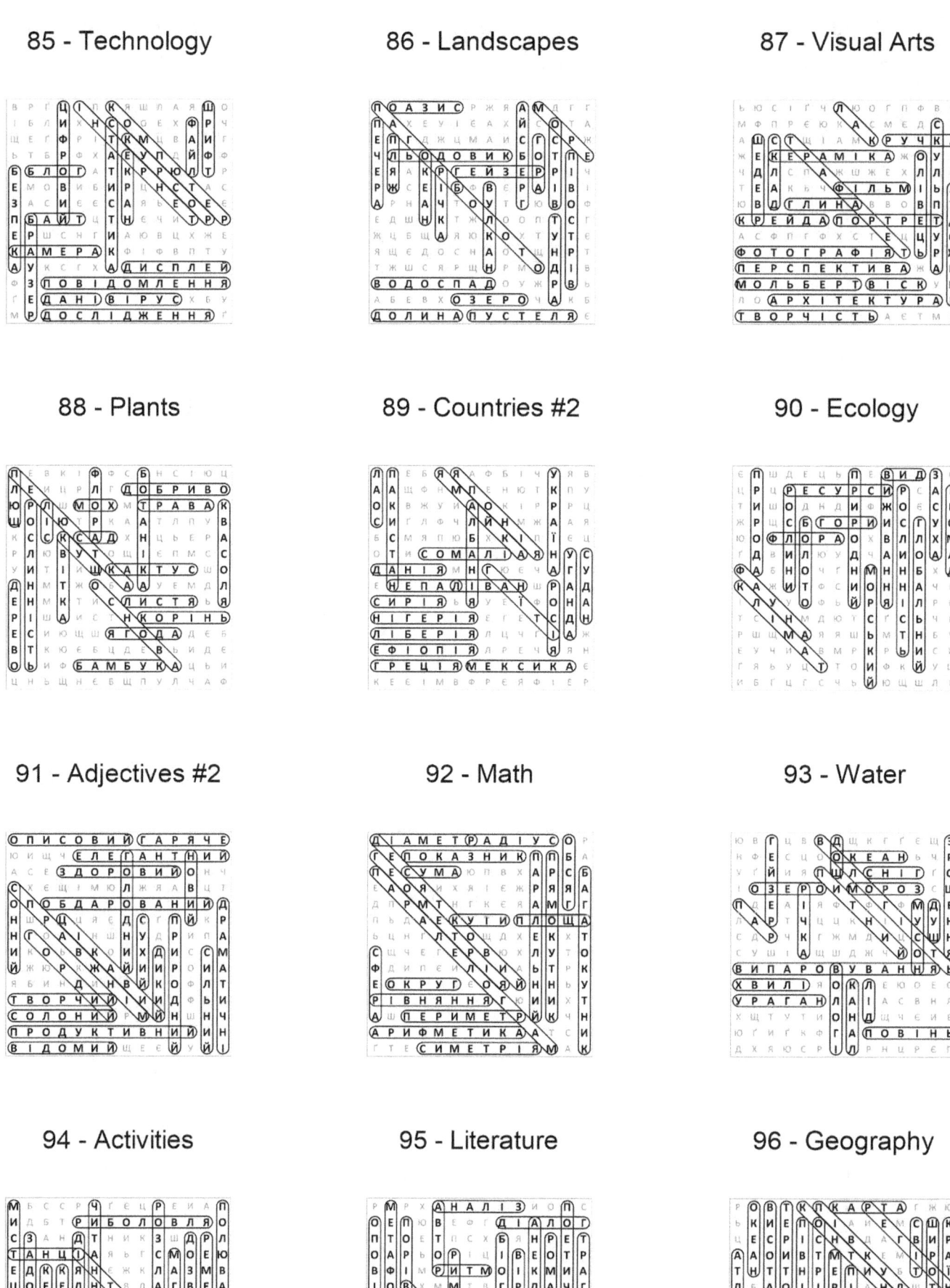

85 - Technology

86 - Landscapes

87 - Visual Arts

88 - Plants

89 - Countries #2

90 - Ecology

91 - Adjectives #2

92 - Math

93 - Water

94 - Activities

95 - Literature

96 - Geography

97 - Pets

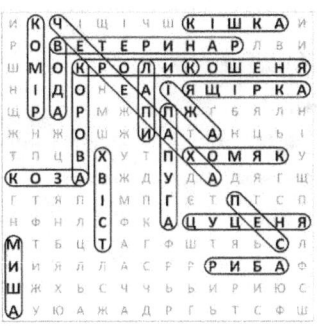

98 - Nature

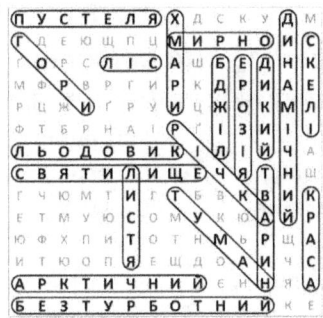

99 - Championship

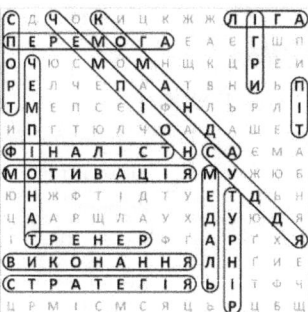

100 - Vacation #2

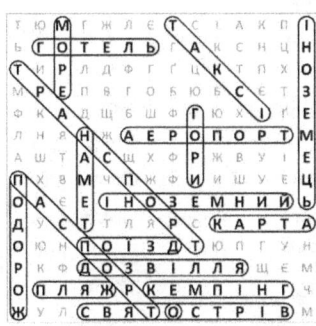

Dictionary

Activities
Види Діяльності

Activity	Діяльність
Art	Мистецтво
Camping	Кемпінг
Ceramics	Кераміка
Crafts	Ремесла
Dancing	Танці
Fishing	Риболовля
Games	Ігри
Gardening	Садівництво
Hunting	Полювання
Interests	Інтереси
Knitting	В'Язання
Leisure	Дозвілля
Magic	Магія
Photography	Фотографія
Pleasure	Задоволення
Reading	Читання
Relaxation	Розслаблення
Sewing	Шиття
Skill	Навичка

Activities and Leisure
Відпочинок та Дозвілля

Art	Мистецтво
Baseball	Бейсбол
Basketball	Баскетбол
Boxing	Бокс
Camping	Кемпінг
Diving	Пірнання
Fishing	Риболовля
Gardening	Садівництво
Golf	Гольф
Hobbies	Хобі
Relaxing	Розслаблюючий
Soccer	Футбол
Surfing	Серфінг
Swimming	Плавання
Tennis	Теніс
Travel	Подорожувати
Volleyball	Волейбол

Adjectives #1
Прикметники #1

Absolute	Абсолютний
Ambitious	Амбітні
Aromatic	Ароматичний
Artistic	Художній
Attractive	Привабливий
Beautiful	Гарний
Dark	Темний
Exotic	Екзотичні
Generous	Щедрий
Happy	Щасливий
Heavy	Важкий
Helpful	Корисний
Honest	Чесний
Identical	Ідентичний
Important	Важливий
Modern	Сучасний
Serious	Серйозний
Slow	Повільний
Thin	Тонкий
Valuable	Цінний

Adjectives #2
Прикметники #2

Authentic	Справжнім
Creative	Творчий
Descriptive	Описовий
Dramatic	Драматичні
Dry	Сухий
Elegant	Елегантний
Famous	Відомий
Gifted	Обдарований
Healthy	Здоровий
Hot	Гаряче
Hungry	Голодний
Interesting	Цікавий
Natural	Природний
New	Новий
Productive	Продуктивний
Proud	Гордий
Salty	Солоний
Sleepy	Сонний
Strong	Сильний
Wild	Дикий

Adventure
Пригоди

Activity	Діяльність
Beauty	Краса
Bravery	Хоробрість
Challenges	Проблеми
Chance	Шанс
Dangerous	Небезпечний
Destination	Призначення
Difficulty	Трудність
Enthusiasm	Ентузіазм
Excursion	Екскурсія
Friends	Друзі
Itinerary	Маршрут
Joy	Радість
Nature	Природа
Navigation	Навігація
New	Новий
Opportunity	Можливість
Preparation	Підготовка
Safety	Безпека
Unusual	Незвичайні

Airplanes
Літаки

Adventure	Пригода
Air	Повітря
Atmosphere	Атмосфера
Construction	Будівництво
Crew	Екіпаж
Descent	Спуск
Design	Дизайн
Direction	Напрям
Engine	Двигун
Fuel	Паливо
Height	Висота
History	Історія
Hydrogen	Водень
Inflate	Надути
Landing	Посадка
Launch	Запуск
Passenger	Пасажир
Pilot	Пілот
Propellers	Гвинти
Sky	Небо

Antarctica
Антарктида

Bay	Бухта
Birds	Птах
Clouds	Хмари
Conservation	Збереження
Continent	Континент
Environment	Середовище
Expedition	Експедиція
Geography	Географія
Glaciers	Льодовиків
Ice	Лід
Islands	Острів
Migration	Міграція
Minerals	Мінерали
Peninsula	Півострів
Researcher	Дослідник
Rocky	Скелястий
Scientific	Науковий
Temperature	Температура
Topography	Топографія
Water	Вода

Art
Мистецтво

Ceramic	Керамічні
Complex	Складний
Composition	Склад
Create	Творити
Expression	Вираз
Honest	Чесний
Inspired	Запалений
Mood	Настрій
Original	Оригінал
Paintings	Картини
Personal	Особистий
Poetry	Поезія
Sculpture	Скульптура
Simple	Простий
Subject	Предмет
Surrealism	Сюрреалізм
Symbol	Символ
Visual	Візуальний

Art Supplies
Художні Товари

Acrylic	Акриловий
Brushes	Щітка
Camera	Камера
Chair	Крісло
Clay	Глина
Colors	Кольори
Creativity	Творчість
Easel	Мольберт
Eraser	Гумка
Glue	Клей
Ideas	Ідеї
Ink	Чорнило
Oil	Олія
Paints	Фарби
Paper	Папір
Pastels	Пастелі
Pencils	Олівці
Table	Таблиця
Water	Вода
Watercolors	Акварелі

Astronomy
Астрономія

Asteroid	Астероїд
Astronaut	Астронавт
Astronomer	Астроном
Constellation	Сузір'Я
Cosmos	Космос
Earth	Земля
Eclipse	Затемнення
Equinox	Рівнодення
Galaxy	Галактика
Meteor	Метеор
Moon	Місяць
Nebula	Туманність
Observatory	Обсерваторія
Planet	Планета
Radiation	Радіація
Rocket	Ракета
Satellite	Супутник
Sky	Небо
Supernova	Наднова
Zodiac	Зодіак

Autumn
Осінь

Acorn	Жолудь
Apples	Яблука
Chestnuts	Каштани
Climate	Клімат
Clothing	Одяг
Deciduous	Листяний
Equinox	Рівнодення
Festival	Фестиваль
Fires	Пожеж
Frost	Мороз
Migration	Міграція
Months	Місяці
Nature	Природа
Orchard	Фруктовий Сад
Seasonal	Сезонний
Weather	Погода

Ballet
Балет

Applause	Оплески
Artistic	Художній
Audience	Аудиторія
Ballerina	Балерина
Choreography	Хореографія
Composer	Композитор
Dancers	Танцюристів
Expressive	Виразний
Gesture	Жест
Graceful	Витончений
Intensity	Інтенсивність
Lessons	Уроки
Muscles	М'Язи
Music	Музика
Orchestra	Оркестр
Practice	Практика
Rhythm	Ритм
Skill	Навичка
Style	Стиль
Technique	Техніка

Barbecues
Барбекю

Chicken	Курка
Children	Діти
Dinner	Вечеря
Family	Родина
Food	Їжа
Forks	Вилки
Friends	Друзі
Fruit	Фрукт
Games	Ігри
Grill	Гриль
Hot	Гаряче
Hunger	Голод
Knives	Ножі
Music	Музика
Salads	Салати
Salt	Сіль
Sauce	Соус
Summer	Літо
Tomatoes	Помідори
Vegetables	Овочі

Bathroom
Ванна Кімната

Bath	Ванна
Bubbles	Бульбашки
Faucet	Кран
Lotion	Лосьйон
Mirror	Дзеркало
Perfume	Парфуми
Rug	Килимок
Scissors	Ножиці
Shampoo	Шампунь
Shower	Душ
Soap	Мило
Sponge	Губка
Steam	Пар
Toilet	Туалет
Towel	Рушник
Water	Вода

Beach
Пляжний

Blue	Синій
Boat	Човен
Coast	Узбережжя
Crab	Краб
Dock	Док
Island	Острів
Lagoon	Лагуна
Ocean	Океан
Reef	Риф
Sailboat	Вітрильник
Sand	Пісок
Sandals	Сандалі
Sea	Море
Sun	Сонце
To Swim	Плавати
Towel	Рушник
Umbrella	Парасолька
Vacation	Відпустка

Bees
Бджола

Beneficial	Вигідний
Blossom	Цвіт
Ecosystem	Екосистема
Flowers	Квіти
Food	Їжа
Fruit	Фрукт
Garden	Сад
Hive	Вулик
Honey	Мед
Insect	Комаха
Plants	Рослини
Pollen	Пилок
Pollinator	Запильник
Queen	Королева
Smoke	Дим
Sun	Сонце
Swarm	Рій
Wax	Віск
Wings	Крила

Birds
Птахи

Canary	Канарка
Chicken	Курка
Crow	Ворона
Cuckoo	Зозуля
Duck	Качка
Eagle	Орел
Egg	Яйце
Flamingo	Фламінго
Goose	Гуска
Gull	Чайка
Heron	Чапля
Ostrich	Страус
Parrot	Папуга
Peacock	Павич
Pelican	Пелікан
Penguin	Пінгвін
Sparrow	Горобець
Stork	Лелека
Swan	Лебідка
Toucan	Тукан

Birthday
День Народження

Born	Народився
Cake	Торт
Calendar	Календар
Candles	Свічки
Cards	Картки
Celebration	Святкування
Day	День
Friends	Друзі
Fun	Веселощі
Gift	Подарунок
Great	Чудовий
Happy	Щасливий
Invitations	Запрошення
Joyful	Радісний
Song	Пісня
Special	Особливий
Time	Час
Wisdom	Мудрість
Year	Рік
Young	Молодий

Boats
Катери

Anchor	Якір
Buoy	Буй
Canoe	Каное
Crew	Екіпаж
Dock	Док
Engine	Двигун
Ferry	Пором
Kayak	Каяк
Lake	Озеро
Mast	Щогла
Nautical	Морські
Ocean	Океан
Raft	Пліт
River	Річка
Rope	Мотузка
Sailboat	Вітрильник
Sailor	Моряк
Sea	Море
Tide	Приплив
Yacht	Яхта

Books
Книги

Adventure	Пригода
Author	Автор
Collection	Колекція
Context	Контекст
Duality	Подвійність
Epic	Епопеї
Historical	Історичний
Humorous	Гумористичний
Literary	Літературний
Narrator	Оповідач
Novel	Роман
Page	Сторінка
Poem	Вірш
Poetry	Поезія
Reader	Читач
Relevant	Відповідні
Series	Серія
Story	Історія
Tragic	Трагічний
Written	Написана

Buildings
Будинки

Apartment	Квартира
Barn	Сарай
Cabin	Кабіна
Castle	Замок
Cinema	Кіно
Embassy	Посольство
Factory	Фабрика
Hospital	Лікарня
Hostel	Гуртожиток
Hotel	Готель
Laboratory	Лабораторія
Museum	Музей
Observatory	Обсерваторія
School	Школа
Stadium	Стадіон
Supermarket	Супермаркет
Tent	Намет
Theater	Театр
Tower	Вежа
University	Університет

Camping
Кемпінг

Adventure	Пригода
Animals	Тварин
Cabin	Кабіна
Canoe	Каное
Compass	Компас
Fire	Вогонь
Forest	Ліс
Fun	Веселощі
Hammock	Гамак
Hat	Капелюх
Hunting	Полювання
Insect	Комаха
Lake	Озеро
Map	Карта
Moon	Місяць
Mountain	Гора
Nature	Природа
Rope	Мотузка
Tent	Намет
Trees	Дерева

Castles
Замки

Armor	Броня
Catapult	Катапульта
Crown	Корона
Dragon	Дракон
Dynasty	Династія
Empire	Імперія
Feudal	Феодал
Fortress	Фортеця
Horse	Кінь
Kingdom	Королівство
Knight	Лицар
Noble	Благородний
Palace	Палац
Prince	Принц
Princess	Принцеса
Shield	Щит
Sword	Меч
Tower	Вежа
Unicorn	Єдиноріг
Wall	Стіна

Cats
Кішки

Crazy	Божевільний
Curious	Цікавий
Fast	Швидко
Fur	Хутро
Hunter	Мисливець
Independent	Незалежний
Little	Маленький
Mouse	Миша
Paw	Лапа
Personality	Особистості
Playful	Грайливий
Shy	Сором'Язливий
Sleep	Спати
Tail	Хвіст
Wild	Дикий
Yarn	Пряжа

Championship
Чемпіонат

Champion	Чемпіон
Championship	Чемпіонат
Coach	Тренер
Endurance	Витривалість
Finalist	Фіналіст
Games	Ігри
Judge	Суддя
League	Ліга
Medal	Медаль
Motivation	Мотивація
Performance	Виконання
Perspiration	Піт
Sports	Спорт
Strategy	Стратегія
Team	Команда
Tournament	Турнір
Victory	Перемога

Chess
Шахи

Black	Чорний
Challenges	Проблеми
Champion	Чемпіон
Clever	Розумний
Contest	Конкурс
Diagonal	Діагональ
Game	Гра
King	Король
Opponent	Опонент
Passive	Пасивний
Player	Гравець
Queen	Королева
Rules	Правила
Sacrifice	Жертвувати
Strategy	Стратегія
Time	Час
Tournament	Турнір
White	Білий

Chocolate
Шоколад

Antioxidant	Антиоксидант
Bitter	Гіркий
Cacao	Какао
Calories	Калорій
Candy	Цукерки
Caramel	Карамель
Coconut	Кокос
Delicious	Смачний
Exotic	Екзотичні
Favorite	Улюблений
Flavor	Аромат
Ingredient	Інгредієнт
Peanuts	Арахіс
Powder	Порошок
Quality	Якість
Recipe	Рецепт
Sugar	Цукор
Sweet	Солодкий
Taste	Смак

Circus
Цирк

Acrobat	Акробат
Animals	Тварин
Candy	Цукерки
Clown	Клоун
Costume	Костюм
Elephant	Слон
Entertain	Розважати
Juggler	Жонглер
Lion	Лев
Magic	Магія
Magician	Маг
Monkey	Мавпа
Music	Музика
Parade	Парад
Show	Показати
Spectator	Глядач
Tent	Намет
Ticket	Квиток
Tiger	Тигр

Climbing
Сходження

Altitude	Висота
Atmosphere	Атмосфера
Boots	Чоботи
Cave	Печера
Challenges	Проблеми
Curiosity	Цікавість
Expert	Експерт
Gloves	Рукавички
Helmet	Шолом
Injury	Травма
Map	Карта
Narrow	Вузький
Physical	Фізичний
Stability	Стабільність
Strength	Сила
Training	Навчання

Clothes
Одяг

Apron	Фартух
Belt	Пояс
Blouse	Блузка
Bracelet	Браслет
Coat	Пальто
Dress	Плаття
Fashion	Мода
Gloves	Рукавички
Hat	Капелюх
Jacket	Куртка
Jeans	Джинси
Necklace	Намисто
Pajamas	Піжама
Pants	Штани
Sandals	Сандалі
Scarf	Шарф
Shirt	Сорочка
Shoe	Взуття
Skirt	Спідниця
Sweater	Светр

Colors
Кольори

Azure	Лазурний
Beige	Бежевий
Black	Чорний
Blue	Синій
Brown	Коричневий
Crimson	Малиновий
Cyan	Блакитний
Fuchsia	Фуксія
Green	Зелений
Grey	Сірий
Indigo	Індиго
Orange	Оранжевий
Pink	Рожевий
Purple	Фіолетовий
Red	Червоний
Sepia	Сепія
White	Білий
Yellow	Жовтий

Comedy
Комедія

Actor	Актор
Actress	Актриса
Applause	Оплески
Audience	Аудиторія
Clever	Розумний
Clowns	Клоуни
Expressive	Виразний
Fun	Веселощі
Genre	Жанр
Humor	Гумор
Improvisation	Імпровізація
Jokes	Жарти
Laughter	Сміх
Parody	Пародія
Television	Телебачення
Theater	Театр

Countries #2
Країни #2

Albania	Албанія
Denmark	Данія
Ethiopia	Ефіопія
Greece	Греція
Haiti	Гаїті
Jamaica	Ямайка
Japan	Японія
Laos	Лаос
Lebanon	Ліван
Liberia	Ліберія
Mexico	Мексика
Nepal	Непал
Nigeria	Нігерія
Pakistan	Пакистан
Russia	Росія
Somalia	Сомалі
Sudan	Судан
Syria	Сирія
Uganda	Уганда
Ukraine	Україна

Dance
Танець

Academy	Академія
Art	Мистецтво
Body	Тіло
Choreography	Хореографія
Classical	Класичний
Cultural	Культурний
Culture	Культура
Emotion	Емоція
Expressive	Виразний
Grace	Благодать
Joyful	Радісний
Movement	Рух
Music	Музика
Partner	Партнер
Posture	Постава
Rehearsal	Репетиція
Rhythm	Ритм
Traditional	Традиційний
Visual	Візуальний

Days and Months
Дні та Місяці

April	Квітень
August	Серпень
Calendar	Календар
February	Лютий
Friday	П'Ятниця
January	Січень
July	Липень
March	Березень
Monday	Понеділок
Month	Місяць
November	Листопад
October	Жовтень
Saturday	Субота
September	Вересень
Sunday	Неділя
Thursday	Четвер
Tuesday	Вівторок
Wednesday	Середа
Week	Тиждень
Year	Рік

Dinosaurs
Динозаври

Disappearance	Зникнення
Earth	Земля
Enormous	Величезний
Evolution	Еволюція
Herbivore	Травоїдні
Large	Великий
Mammoth	Мамонт
Omnivore	Всеїдний
Powerful	Потужний
Prehistoric	Доісторичний
Reptile	Рептилія
Size	Розмір
Species	Вид
Tail	Хвіст
Vicious	Порочне
Wings	Крила

Driving
Водіння

Accident	Аварія
Brakes	Гальма
Car	Автомобіль
Danger	Небезпека
Driver	Водій
Fuel	Паливо
Garage	Гараж
Gas	Газ
License	Ліцензія
Map	Карта
Motor	Мотор
Motorcycle	Мотоцикл
Pedestrian	Пішохід
Police	Поліція
Road	Дорога
Safety	Безпека
Speed	Швидкість
Traffic	Трафік
Truck	Вантажівка
Tunnel	Тунель

Ecology
Екологія

Climate	Клімат
Communities	Громад
Drought	Засуха
Fauna	Фауна
Flora	Флора
Global	Глобальний
Marine	Морський
Marsh	Болото
Mountains	Гори
Natural	Природний
Nature	Природа
Plants	Рослини
Resources	Ресурси
Species	Вид
Survival	Виживання
Vegetation	Рослинність

Emotions
Емоції

Anger	Гнів
Bliss	Блаженство
Boredom	Нудьга
Calm	Спокійний
Content	Зміст
Fear	Страх
Grateful	Вдячний
Joy	Радість
Kindness	Доброта
Love	Любов
Peace	Мир
Sadness	Смуток
Satisfied	Задоволений
Surprise	Сюрприз
Sympathy	Співчуття
Tenderness	Ніжність
Tranquility	Спокій

Family
Сімейний

Ancestor	Предок
Aunt	Тітка
Brother	Брат
Child	Дитина
Childhood	Дитинство
Children	Діти
Cousin	Кузен
Daughter	Дочка
Father	Батько
Grandchild	Онук
Grandfather	Дід
Husband	Чоловік
Maternal	Материнський
Mother	Мати
Nephew	Племінник
Niece	Племінниця
Paternal	Батьківський
Sister	Сестра
Uncle	Дядько
Wife	Дружина

Farm #1
Ферма #1

Bee	Бджола
Bison	Зубр
Calf	Теля
Cat	Кішка
Chicken	Курка
Cow	Корова
Crow	Ворона
Dog	Пес
Donkey	Осел
Fence	Паркан
Fertilizer	Добриво
Field	Поле
Flock	Зграя
Goat	Коза
Hay	Сіно
Honey	Мед
Horse	Кінь
Rice	Рис
Seeds	Насіння
Water	Вода

Farm #2
Ферма #2

Animals	Тварин
Barley	Ячмінь
Barn	Сарай
Corn	Кукурудза
Duck	Качка
Farmer	Фермер
Food	Їжа
Fruit	Фрукт
Irrigation	Зрошення
Lamb	Ягня
Llama	Лама
Meadow	Луг
Milk	Молоко
Orchard	Фруктовий Сад
Sheep	Вівця
Shepherd	Пастух
Tractor	Трактор
Vegetable	Овоч
Wheat	Пшениця
Windmill	Вітряк

Fishing
Риболовля

Bait	Принада
Basket	Кошик
Beach	Пляж
Boat	Човен
Cook	Кухар
Equipment	Обладнання
Exaggeration	Перебільшення
Gills	Зябра
Hook	Гак
Jaw	Щелепа
Lake	Озеро
Ocean	Океан
Patience	Терпіння
River	Річка
Scales	Ваги
Season	Сезон
Water	Вода
Weight	Вага
Wire	Дріт

Flowers
Квіти

Bouquet	Букет
Calendula	Календула
Clover	Конюшина
Daisy	Ромашка
Dandelion	Кульбаба
Gardenia	Гарденія
Hibiscus	Гібіскус
Jasmine	Жасмин
Lavender	Лаванда
Lilac	Бузок
Lily	Лілія
Magnolia	Магнолія
Orchid	Орхідея
Peony	Півонія
Petal	Пелюстка
Plumeria	Плюмерія
Poppy	Мак
Rose	Троянда
Sunflower	Соняшник
Tulip	Тюльпан

Food #1
Харчування #1

Apricot	Абрикос
Barley	Ячмінь
Basil	Василь
Carrot	Морква
Cinnamon	Кориця
Garlic	Часник
Juice	Сік
Lemon	Лимон
Milk	Молоко
Onion	Цибуля
Peanut	Арахіс
Pear	Груша
Salad	Салат
Salt	Сіль
Soup	Суп
Spinach	Шпинат
Strawberry	Полуниця
Sugar	Цукор
Tuna	Тунець
Turnip	Ріпа

Food #2
Харчування #2

Apple	Яблуко
Artichoke	Артишок
Banana	Банан
Broccoli	Броколі
Celery	Селера
Cheese	Сир
Cherry	Вишня
Chicken	Курка
Chocolate	Шоколад
Egg	Яйце
Eggplant	Баклажан
Fish	Риба
Grape	Виноград
Ham	Шинка
Kiwi	Ківі
Mushroom	Гриб
Rice	Рис
Tomato	Помідор
Wheat	Пшениця
Yogurt	Йогурт

Fruit
Фрукти

Apple	Яблуко
Apricot	Абрикос
Avocado	Авокадо
Banana	Банан
Berry	Ягода
Cherry	Вишня
Coconut	Кокос
Fig	Фіг
Grape	Виноград
Guava	Гуава
Kiwi	Ківі
Lemon	Лимон
Mango	Манго
Melon	Диня
Nectarine	Нектарин
Papaya	Папайя
Peach	Персик
Pear	Груша
Pineapple	Ананас
Raspberry	Малина

Furniture
Меблі

Bed	Ліжко
Bench	Лава
Bookcase	Книжкова Шафа
Chair	Крісло
Couch	Диван
Curtains	Штори
Cushions	Подушки
Desk	Бюро
Dresser	Комод
Futon	Футон
Hammock	Гамак
Lamp	Лампа
Mattress	Матрац
Mirror	Дзеркало
Pillow	Подушка
Rug	Килимок
Shelves	Полиці

Garden
Сад

Bench	Лава
Bush	Кущ
Fence	Паркан
Flower	Квітка
Garage	Гараж
Garden	Сад
Grass	Трава
Hammock	Гамак
Hose	Шланг
Lawn	Газон
Orchard	Фруктовий Сад
Pond	Ставок
Porch	Ганок
Rake	Граблі
Shovel	Лопата
Terrace	Тераса
Trampoline	Батут
Tree	Дерево
Vine	Лоза
Weeds	Бур'Янів

Geography
Географія

Atlas	Атлас
City	Місто
Continent	Континент
Country	Країна
Elevation	Висота
Hemisphere	Півкуля
Island	Острів
Latitude	Широта
Map	Карта
Meridian	Меридіан
Mountain	Гора
North	Північ
Ocean	Океан
Region	Регіон
River	Річка
Sea	Море
South	Південь
Territory	Територія
West	Захід
World	Світ

Geology
Геологія

Acid	Кислота
Calcium	Кальцій
Cavern	Печера
Continent	Континент
Coral	Кораловий
Crystals	Кристали
Cycles	Циклів
Earthquake	Землетрус
Erosion	Ерозія
Fossil	Викопний
Geyser	Гейзер
Lava	Лава
Layer	Шар
Minerals	Мінерали
Plateau	Плато
Quartz	Кварц
Salt	Сіль
Stalactite	Сталактит
Stone	Камінь
Volcano	Вулкан

Hair Types
Типи Волосся

Bald	Лисий
Black	Чорний
Blond	Блондин
Braided	Плетений
Braids	Коси
Brown	Коричневий
Curls	Кучер
Curly	Кучерявий
Dry	Сухий
Gray	Сірий
Healthy	Здоровий
Long	Довгий
Shiny	Блискучий
Short	Короткий
Silver	Срібло
Soft	М'Який
Thick	Товстий
Thin	Тонкий
Wavy	Хвилястий
White	Білий

Herbalism
Травотравизм

Aromatic	Ароматичний
Basil	Василь
Beneficial	Вигідний
Culinary	Кулінарні
Fennel	Фенхель
Flavor	Аромат
Flower	Квітка
Garden	Сад
Garlic	Часник
Green	Зелений
Ingredient	Інгредієнт
Lavender	Лаванда
Marjoram	Майоран
Mint	М'Ята
Oregano	Орегано
Parsley	Петрушка
Plant	Рослина
Rosemary	Розмарин
Saffron	Шафран
Tarragon	Естрагон

Hiking
Походи

Animals	Тварин
Boots	Чоботи
Camping	Кемпінг
Climate	Клімат
Hazards	Небезпеки
Heavy	Важкий
Map	Карта
Mountain	Гора
Nature	Природа
Orientation	Орієнтація
Parks	Парки
Preparation	Підготовка
Stones	Камені
Summit	Саміт
Sun	Сонце
Tired	Втомився
Water	Вода
Weather	Погода
Wild	Дикий

House
Будинок

Attic	Горище
Broom	Мітла
Curtains	Штори
Door	Двері
Fence	Паркан
Fireplace	Камін
Floor	Поверх
Furniture	Меблі
Garage	Гараж
Garden	Сад
Keys	Ключі
Kitchen	Кухня
Lamp	Лампа
Library	Бібліотека
Mirror	Дзеркало
Roof	Дах
Room	Кімната
Shower	Душ
Wall	Стіна
Window	Вікно

Human Body
Людське Тіло

Ankle	Щиколотки
Blood	Кров
Bones	Кістки
Brain	Мозок
Chin	Підборіддя
Ear	Вухо
Elbow	Лікоть
Face	Обличчя
Finger	Палець
Hand	Рука
Head	Голова
Heart	Серце
Jaw	Щелепа
Knee	Коліна
Leg	Нога
Mouth	Рот
Neck	Шия
Nose	Ніс
Shoulder	Плече
Skin	Шкіра

Insects
Комахи

Ant	Мураха
Aphid	Попелиця
Bee	Бджола
Beetle	Жук
Butterfly	Метелик
Cicada	Цикада
Cockroach	Тарган
Dragonfly	Бабка
Flea	Блоха
Gnat	Гнат
Grasshopper	Коник
Hornet	Шершень
Ladybug	Сонечко
Larva	Личинка
Locust	Сарана
Mantis	Богомол
Mosquito	Комар
Termite	Терміт
Wasp	Оса
Worm	Хробак

Kitchen
Кухня

Apron	Фартух
Bowl	Чаша
Chopsticks	Паличками
Cups	Чашки
Food	Їжа
Forks	Вилки
Freezer	Морозильник
Grill	Гриль
Jar	Глек
Jug	Глечик
Kettle	Чайник
Knives	Ножі
Napkin	Серветка
Oven	Піч
Recipe	Рецепт
Refrigerator	Холодильник
Spices	Спеції
Sponge	Губка
Spoons	Ложки

Landscapes
Пейзажі

Beach	Пляж
Cave	Печера
Desert	Пустеля
Geyser	Гейзер
Glacier	Льодовик
Hill	Пагорб
Iceberg	Айсберг
Island	Острів
Lake	Озеро
Mountain	Гора
Oasis	Оазис
Ocean	Океан
Peninsula	Півострів
River	Річка
Sea	Море
Swamp	Болото
Tundra	Тундра
Valley	Долина
Volcano	Вулкан
Waterfall	Водоспад

Literature
Література

Analogy	Аналогія
Analysis	Аналіз
Anecdote	Анекдот
Author	Автор
Biography	Біографія
Comparison	Порівняння
Conclusion	Висновок
Description	Опис
Dialogue	Діалог
Fiction	Вигадка
Metaphor	Метафора
Narrator	Оповідач
Novel	Роман
Poem	Вірш
Poetic	Поетичний
Rhyme	Рима
Rhythm	Ритм
Style	Стиль
Theme	Тема
Tragedy	Трагедія

Mammals
Ссавці

Bear	Ведмідь
Beaver	Бобер
Bull	Бик
Cat	Кішка
Coyote	Койот
Dog	Пес
Dolphin	Дельфін
Elephant	Слон
Fox	Лисиця
Giraffe	Жираф
Gorilla	Горила
Horse	Кінь
Kangaroo	Кенгуру
Lion	Лев
Monkey	Мавпа
Rabbit	Кролик
Sheep	Вівця
Whale	Кит
Wolf	Вовк
Zebra	Зебра

Math
Математика

Angles	Кути
Arithmetic	Арифметика
Circumference	Округ
Decimal	Десятковий
Diameter	Діаметр
Equation	Рівняння
Exponent	Показник
Geometry	Геометрія
Parallel	Паралельний
Parallelogram	Паралелограм
Perimeter	Периметр
Polygon	Багатокутник
Radius	Радіус
Rectangle	Прямокутник
Sphere	Сфера
Square	Площа
Sum	Сума
Symmetry	Симетрія
Triangle	Трикутник
Volume	Обсяг

Measurements
Вимірювання

Byte	Байт
Centimeter	Сантиметр
Decimal	Десятковий
Degree	Ступінь
Depth	Глибина
Gram	Грам
Height	Висота
Inch	Дюйм
Kilogram	Кілограм
Kilometer	Кілометр
Length	Довжина
Liter	Літр
Mass	Маса
Meter	Метр
Minute	Хвилина
Ounce	Унція
Ton	Тонна
Volume	Обсяг
Weight	Вага
Width	Ширина

Meditation
Медитація

Acceptance	Прийняття
Attention	Увага
Awake	Прокинутися
Breathing	Дихання
Calm	Спокійний
Clarity	Ясність
Compassion	Співчуття
Emotions	Емоції
Gratitude	Подяка
Habits	Звички
Kindness	Доброта
Mental	Розумовий
Mind	Розум
Movement	Рух
Music	Музика
Nature	Природа
Peace	Мир
Perspective	Перспектива
Silence	Тиша
Thoughts	Думки

Musical Instruments
Музичні Інструменти

Banjo	Банджо
Bassoon	Фагот
Cello	Віолончель
Clarinet	Кларнет
Drum	Барабан
Drumsticks	Гомілки
Flute	Флейта
Gong	Гонг
Guitar	Гітара
Harmonica	Гармоніка
Harp	Арфа
Mandolin	Мандоліна
Oboe	Гобой
Percussion	Удар
Piano	Фортепіано
Saxophone	Саксофон
Tambourine	Бубон
Trombone	Тромбон
Trumpet	Труба
Violin	Скрипка

Mythology
Міфологія

Archetype	Архетип
Behavior	Поведінка
Beliefs	Переконання
Creation	Створення
Creature	Істота
Culture	Культура
Deities	Божества
Disaster	Лихо
Heaven	Небо
Hero	Герой
Immortality	Безсмертя
Jealousy	Ревнощі
Labyrinth	Лабіринт
Legend	Легенда
Lightning	Блискавка
Monster	Монстр
Mortal	Смертний
Revenge	Помста
Thunder	Грім
Warrior	Воїн

Nature
Природа

Animals	Тварин
Arctic	Арктичний
Beauty	Краса
Bees	Бджіл
Cliffs	Скелі
Clouds	Хмари
Desert	Пустеля
Dynamic	Динамічний
Erosion	Ерозія
Fog	Туман
Foliage	Листя
Forest	Ліс
Glacier	Льодовик
Mountains	Гори
Peaceful	Мирно
River	Річка
Sanctuary	Святилище
Serene	Безтурботний
Tropical	Тропічний
Wild	Дикий

Numbers
Числа

Decimal	Десятковий
Eight	Вісім
Eighteen	Вісімнадцять
Fifteen	П'Ятнадцять
Five	П'Ять
Four	Чотири
Fourteen	Чотирнадцять
Nine	Дев'Ять
Nineteen	Дев'Ятнадцять
One	Один
Seven	Сім
Seventeen	Сімнадцять
Six	Шість
Sixteen	Шістнадцять
Ten	Десять
Thirteen	Тринадцять
Three	Три
Twelve	Дванадцять
Twenty	Двадцять
Two	Два

Nutrition
Харчування

Appetite	Апетит
Balanced	Збалансований
Bitter	Гіркий
Calories	Калорій
Carbohydrates	Вуглеводів
Diet	Дієта
Digestion	Травлення
Edible	Їстівний
Fermentation	Бродіння
Flavor	Аромат
Habits	Звички
Health	Здоров'Я
Healthy	Здоровий
Nutrient	Поживний
Proteins	Білки
Quality	Якість
Sauce	Соус
Toxin	Токсин
Vitamin	Вітамін
Weight	Вага

Ocean
Океан

Algae	Водоростей
Coral	Кораловий
Crab	Краб
Dolphin	Дельфін
Eel	Вугор
Fish	Риба
Jellyfish	Медуза
Octopus	Восьмініг
Oyster	Устриця
Reef	Риф
Salt	Сіль
Shark	Акула
Shrimp	Креветки
Sponge	Губка
Storm	Буря
Tides	Припливи
Tuna	Тунець
Turtle	Черепаха
Waves	Хвилі
Whale	Кит

Pets
Домашні Тварини

Cat	Кішка
Collar	Комір
Cow	Корова
Dog	Пес
Fish	Риба
Food	Їжа
Goat	Коза
Hamster	Хом'Як
Kitten	Кошеня
Lizard	Ящірка
Mouse	Миша
Parrot	Папуга
Paws	Лапи
Puppy	Цуценя
Rabbit	Кролик
Tail	Хвіст
Turtle	Черепаха
Veterinarian	Ветеринар
Water	Вода

Pirates
Пірати

Adventure	Пригода
Anchor	Якір
Bad	Поганий
Beach	Пляж
Captain	Капітан
Cave	Печера
Coins	Монети
Compass	Компас
Crew	Екіпаж
Danger	Небезпека
Flag	Прапор
Gold	Золото
Island	Острів
Legend	Легенда
Map	Карта
Parrot	Папуга
Rum	Ром
Scar	Шрам
Sword	Меч
Treasure	Скарб

Plants
Рослини

Bamboo	Бамбук
Bean	Квасоля
Berry	Ягода
Botany	Ботаніка
Bush	Кущ
Cactus	Кактус
Fertilizer	Добриво
Flora	Флора
Flower	Квітка
Foliage	Листя
Forest	Ліс
Garden	Сад
Grass	Трава
Ivy	Плющ
Moss	Мох
Petal	Пелюстка
Root	Корінь
Stem	Основа
Tree	Дерево
Vegetation	Рослинність

Professions #1
Професії #1

Ambassador	Посол
Astronomer	Астроном
Attorney	Адвокат
Banker	Банкір
Cartographer	Картограф
Coach	Тренер
Dancer	Танцюрист
Doctor	Лікар
Editor	Редактор
Geologist	Геолог
Hunter	Мисливець
Jeweler	Ювелір
Musician	Музикант
Nurse	Медсестра
Pianist	Піаніст
Plumber	Сантехнік
Psychologist	Психолог
Sailor	Моряк
Tailor	Кравець
Veterinarian	Ветеринар

Professions #2
Професії #2

Astronaut	Астронавт
Biologist	Біолог
Dentist	Стоматолог
Detective	Детектив
Engineer	Інженер
Farmer	Фермер
Gardener	Садівник
Illustrator	Ілюстратор
Inventor	Винахідник
Journalist	Журналіст
Librarian	Бібліотекар
Linguist	Лінгвіст
Painter	Художник
Philosopher	Філософ
Photographer	Фотограф
Physician	Лікар
Pilot	Пілот
Surgeon	Хірург
Teacher	Вчитель
Zoologist	Зоолог

Rainforest
Тропічний Ліс

Amphibians	Амфібії
Birds	Птах
Botanical	Ботанічний
Climate	Клімат
Clouds	Хмари
Community	Громада
Indigenous	Корінні
Insects	Комах
Jungle	Джунглі
Mammals	Ссавці
Moss	Мох
Nature	Природа
Preservation	Збереження
Refuge	Притулок
Respect	Повага
Restoration	Реставрація
Species	Вид
Survival	Виживання
Valuable	Цінний

Restaurant #1
Ресторан #1

Allergy	Алергія
Bowl	Чаша
Bread	Хліб
Cashier	Касир
Chicken	Курка
Coffee	Кава
Dessert	Десерт
Food	Їжа
Ingredients	Інгредієнти
Kitchen	Кухня
Knife	Ніж
Meat	М'Ясо
Menu	Меню
Napkin	Серветка
Plate	Тарілка
Reservation	Бронювання
Sauce	Соус
Spicy	Гострий
Waitress	Офіціантка

Restaurant #2
Ресторан #2

Beverage	Напій
Cake	Торт
Chair	Крісло
Delicious	Смачний
Dinner	Вечеря
Eggs	Яйця
Fish	Риба
Fork	Вилка
Fruit	Фрукт
Ice	Лід
Lunch	Обід
Noodles	Локшина
Salad	Салат
Salt	Сіль
Soup	Суп
Spices	Спеції
Spoon	Ложка
Vegetables	Овочі
Waiter	Офіціант
Water	Вода

School #1
Школа #1

Alphabet	Алфавіт
Answers	Відповіді
Books	Книги
Chair	Крісло
Classroom	Клас
Desk	Бюро
Exams	Іспити
Folders	Папки
Friends	Друзі
Fun	Веселощі
Library	Бібліотека
Lunch	Обід
Markers	Маркери
Math	Математика
Paper	Папір
Pencil	Олівець
Pens	Ручки
Teacher	Вчитель
To Write	Писати

School #2
Школа #2

Academic	Академічний
Activities	Діяльність
Backpack	Рюкзак
Books	Книги
Bus	Автобус
Calendar	Календар
Computer	Комп'Ютер
Dictionary	Словник
Education	Освіта
Eraser	Гумка
Grammar	Граматика
Library	Бібліотека
Literature	Література
Paper	Папір
Pencil	Олівець
Science	Наука
Scissors	Ножиці
Supplies	Поставки
Teacher	Вчитель
Weekends	Вихідні

Science
Наукова

Atom	Атом
Chemical	Хімічні
Climate	Клімат
Data	Дані
Evolution	Еволюція
Experiment	Експеримент
Fact	Факт
Fossil	Викопний
Gravity	Гравітація
Hypothesis	Гіпотеза
Laboratory	Лабораторія
Method	Метод
Minerals	Мінерали
Molecules	Молекули
Nature	Природа
Organism	Організм
Particles	Частинки
Physics	Фізика
Plants	Рослини
Scientist	Вчений

Science Fiction
Наукова Фантастика

Atomic	Атомний
Books	Книги
Chemicals	Хімікалії
Cinema	Кіно
Clones	Клони
Dystopia	Антиутопія
Explosion	Вибух
Fantastic	Фантастичний
Fire	Вогонь
Futuristic	Футуристичний
Galaxy	Галактика
Illusion	Ілюзія
Imaginary	Уявний
Mysterious	Таємничий
Oracle	Оракул
Planet	Планета
Robots	Роботи
Technology	Технологія
Utopia	Утопія
World	Світ

Scientific Disciplines
Наукові Дисципліни

Anatomy	Анатомія
Archaeology	Археологія
Astronomy	Астрономія
Biochemistry	Біохімія
Biology	Біологія
Botany	Ботаніка
Chemistry	Хімія
Ecology	Екологія
Geology	Геологія
Immunology	Імунологія
Kinesiology	Кінезіологія
Linguistics	Лінгвістика
Mechanics	Механіка
Mineralogy	Мінералогія
Neurology	Неврологія
Physiology	Фізіологія
Psychology	Психологія
Sociology	Соціологія
Thermodynamics	Термодинаміка
Zoology	Зоологія

Shapes
Форми

Arc	Дуга
Circle	Коло
Cone	Конус
Corner	Кут
Cube	Куб
Curve	Крива
Cylinder	Циліндр
Ellipse	Еліпс
Hyperbola	Гіпербола
Line	Лінія
Oval	Овальний
Polygon	Багатокутник
Prism	Призма
Pyramid	Піраміда
Rectangle	Прямокутник
Round	Круглий
Side	Бік
Sphere	Сфера
Square	Площа
Triangle	Трикутник

Spices
Спеції

Anise	Аніс
Bitter	Гіркий
Cardamom	Кардамон
Cinnamon	Кориця
Clove	Гвоздика
Coriander	Коріандр
Cumin	Кмин
Curry	Каррі
Fennel	Фенхель
Flavor	Аромат
Garlic	Часник
Ginger	Імбир
Licorice	Солодка
Onion	Цибуля
Paprika	Паприка
Pepper	Перець
Saffron	Шафран
Salt	Сіль
Sweet	Солодкий
Vanilla	Ванілі

Sports
Спортивний

Athlete	Спортсмен
Baseball	Бейсбол
Basketball	Баскетбол
Bicycle	Велосипед
Championship	Чемпіонат
Coach	Тренер
Game	Гра
Golf	Гольф
Gymnasium	Гімназія
Gymnastics	Гімнастика
Hockey	Хокей
Movement	Рух
Player	Гравець
Referee	Суддя
Stadium	Стадіон
Team	Команда
Tennis	Теніс
To Swim	Плавати
Winner	Переможець

Summer
Літо

Beach	Пляж
Books	Книги
Camping	Кемпінг
Diving	Пірнання
Family	Родина
Food	Їжа
Friends	Друзі
Games	Ігри
Garden	Сад
Home	Дім
Joy	Радість
Leisure	Дозвілля
Music	Музика
Relaxation	Розслаблення
Sandals	Сандалі
Sea	Море
Stars	Зірки
To Swim	Плавати
Travel	Подорожувати
Vacation	Відпустка

Surfing
Серфінг

Athlete	Спортсмен
Beach	Пляж
Beginner	Новачок
Champion	Чемпіон
Crowds	Натовп
Foam	Піна
Fun	Веселощі
Ocean	Океан
Paddle	Весло
Popular	Популярний
Reef	Риф
Speed	Швидкість
Spray	Спрей
Stomach	Шлунок
Strength	Сила
Style	Стиль
To Swim	Плавати
Wave	Хвиля
Weather	Погода

Technology
Технології

Blog	Блог
Browser	Браузер
Bytes	Байт
Camera	Камера
Computer	Комп'Ютер
Cursor	Курсор
Data	Дані
Digital	Цифровий
Display	Дисплей
File	Файл
Font	Шрифт
Internet	Інтернет
Message	Повідомлення
Research	Дослідження
Screen	Екран
Security	Безпека
Statistics	Статистика
Virtual	Віртуальний
Virus	Вірус

Time
Час

Annual	Щорічний
Before	До
Calendar	Календар
Century	Століття
Clock	Годинник
Day	День
Decade	Десятиліття
Early	Ранній
Future	Майбутнє
Hour	Година
Minute	Хвилина
Month	Місяць
Morning	Ранок
Night	Ніч
Noon	Полудень
Now	Зараз
Soon	Скоро
Today	Сьогодні
Week	Тиждень
Year	Рік

To Fill
Заповнити

Bag	Сумка
Barrel	Бочка
Basin	Басейн
Basket	Кошик
Bottle	Пляшка
Box	Ящик
Bucket	Відро
Carton	Коробка
Drawer	Шухляда
Envelope	Конверт
Folder	Папка
Jar	Глек
Packet	Пакет
Pocket	Кишеня
Suitcase	Валіза
Tray	Лоток
Tub	Ванна
Tube	Труба
Vase	Ваза

Town
Місто

Airport	Аеропорт
Bakery	Пекарня
Bank	Банк
Cafe	Кафе
Cinema	Кіно
Clinic	Клініка
Florist	Флорист
Gallery	Галерея
Hotel	Готель
Library	Бібліотека
Market	Ринок
Museum	Музей
Pharmacy	Аптека
School	Школа
Stadium	Стадіон
Store	Магазин
Supermarket	Супермаркет
Theater	Театр
University	Університет
Zoo	Зоопарк

Toys
Іграшки

Airplane	Літак
Ball	М'Яч
Bicycle	Велосипед
Boat	Човен
Books	Книги
Car	Автомобіль
Chess	Шахи
Clay	Глина
Crafts	Ремесла
Doll	Лялька
Drums	Барабани
Favorite	Улюблений
Games	Ігри
Imagination	Уява
Paints	Фарби
Puzzle	Головоломка
Robot	Робот
Train	Поїзд
Truck	Вантажівка

Vacation #2
Відпустка #2

Airport	Аеропорт
Beach	Пляж
Camping	Кемпінг
Destination	Призначення
Foreign	Іноземний
Foreigner	Іноземець
Holiday	Свято
Hotel	Готель
Island	Острів
Journey	Подорож
Leisure	Дозвілля
Map	Карта
Mountains	Гори
Passport	Паспорт
Sea	Море
Taxi	Таксі
Tent	Намет
Train	Поїзд
Transportation	Транспорт
Visa	Віза

Vegetables
Овочі

Artichoke	Артишок
Broccoli	Броколі
Carrot	Морква
Celery	Селера
Cucumber	Огірок
Eggplant	Баклажан
Garlic	Часник
Ginger	Імбир
Mushroom	Гриб
Olive	Оливка
Onion	Цибуля
Parsley	Петрушка
Pea	Горох
Pumpkin	Гарбуз
Radish	Редис
Salad	Салат
Shallot	Шалот
Spinach	Шпинат
Tomato	Помідор
Turnip	Ріпа

Vehicles
Автомобілі

Airplane	Літак
Bicycle	Велосипед
Boat	Човен
Bus	Автобус
Car	Автомобіль
Caravan	Караван
Engine	Двигун
Ferry	Пором
Helicopter	Вертоліт
Motor	Мотор
Raft	Пліт
Rocket	Ракета
Scooter	Скутер
Shuttle	Човник
Subway	Метро
Taxi	Таксі
Tires	Шини
Tractor	Трактор
Train	Поїзд
Truck	Вантажівка

Virtues #1
Чесноти #1

Artistic	Художній
Charming	Чарівний
Clean	Чистий
Curious	Цікавий
Decisive	Вирішальний
Efficient	Ефективний
Generous	Щедрий
Good	Хороший
Helpful	Корисний
Independent	Незалежний
Intelligent	Розумний
Modest	Скромний
Passionate	Пристрасний
Patient	Пацієнт
Practical	Практичний
Reliable	Надійні
Wise	Мудрий

Visual Arts
Образотворче Мистецтво

Architecture	Архітектура
Artist	Художник
Ceramics	Кераміка
Chalk	Крейда
Clay	Глина
Composition	Склад
Creativity	Творчість
Easel	Мольберт
Film	Фільм
Masterpiece	Шедевр
Pen	Ручка
Pencil	Олівець
Perspective	Перспектива
Photograph	Фотографія
Portrait	Портрет
Sculpture	Скульптура
Stencil	Трафарет
Varnish	Лак
Wax	Віск

Water
Вода

Canal	Канал
Drinkable	Питний
Evaporation	Випаровування
Flood	Повінь
Frost	Мороз
Geyser	Гейзер
Humidity	Вологість
Hurricane	Ураган
Ice	Лід
Irrigation	Зрошення
Lake	Озеро
Moisture	Вологі
Monsoon	Мусон
Ocean	Океан
Rain	Дощ
River	Річка
Shower	Душ
Snow	Сніг
Steam	Пар
Waves	Хвилі

Weather
Погода

Atmosphere	Атмосфера
Breeze	Бриз
Climate	Клімат
Cloud	Хмара
Drought	Посуха
Dry	Сухі
Fog	Туман
Hurricane	Ураган
Ice	Лід
Lightning	Блискавка
Monsoon	Мусон
Polar	Полярний
Rainbow	Веселка
Sky	Небо
Storm	Бур
Temperature	Температура
Thunder	Грим
Tornado	Торнадо
Tropical	Тропічний
Wind	Вітер

Congratulations

You made it!

We hope you enjoyed this book as much as we enjoyed making it. We do our best to make high quality games.
These puzzles are designed in a clever way for you to learn actively while having fun!

Did you love them?

A Simple Request

Our books exist thanks your reviews. Could you help us by leaving one now?

Here is a short link which will take you to your order review page:

BestBooksActivity.com/Review50

MONSTER CHALLENGE!

Challenge #1

Ready for Your Bonus Game? We use them all the time but they are not so easy to find. Here are **Synonyms**!

Note 5 words you discovered in each of the Puzzles noted below (#21, #36, #76) and try to find 2 synonyms for each word.

Note 5 Words from *Puzzle 21*

Words	Synonym 1	Synonym 2

Note 5 Words from *Puzzle 36*

Words	Synonym 1	Synonym 2

Note 5 Words from *Puzzle 76*

Words	Synonym 1	Synonym 2

Challenge #2

Now that you are warmed-up, note 5 words you discovered in each Puzzle noted below (#9, #17, #25) and try to find 2 antonyms for each word. How many lines can you do in 20 minutes?

Note 5 Words from **Puzzle 9**

Words	Antonym 1	Antonym 2

Note 5 Words from **Puzzle 17**

Words	Antonym 1	Antonym 2

Note 5 Words from **Puzzle 25**

Words	Antonym 1	Antonym 2

Challenge #3

Wonderful, this monster challenge is nothing to you!

Ready for the last one? Choose your 10 favorite words discovered in any of the Puzzles and note them below.

1.	6.
2.	7.
3.	8.
4.	9.
5.	10.

Now, using these words and within a maximum of six sentences, your challenge is to compose a text about a person, animal or place that you love!

Tip: You can use the last blank page of this book as a draft!

Your Writing:

Explore a Unique Store
Set Up **FOR YOU!**

MEGA DEALS

BestActivityBooks.com/**TheStore**

Designed for Entertainment!

Light Up Your Brain With Unique **Gift Ideas**.

Access **Surprising** And **Essential Supplies!**

CHECK OUT OUR MONTHLY SELECTION NOW!

- Expertly Crafted Products -

NOTEBOOK:

SEE YOU SOON!

Linguas Classics Team

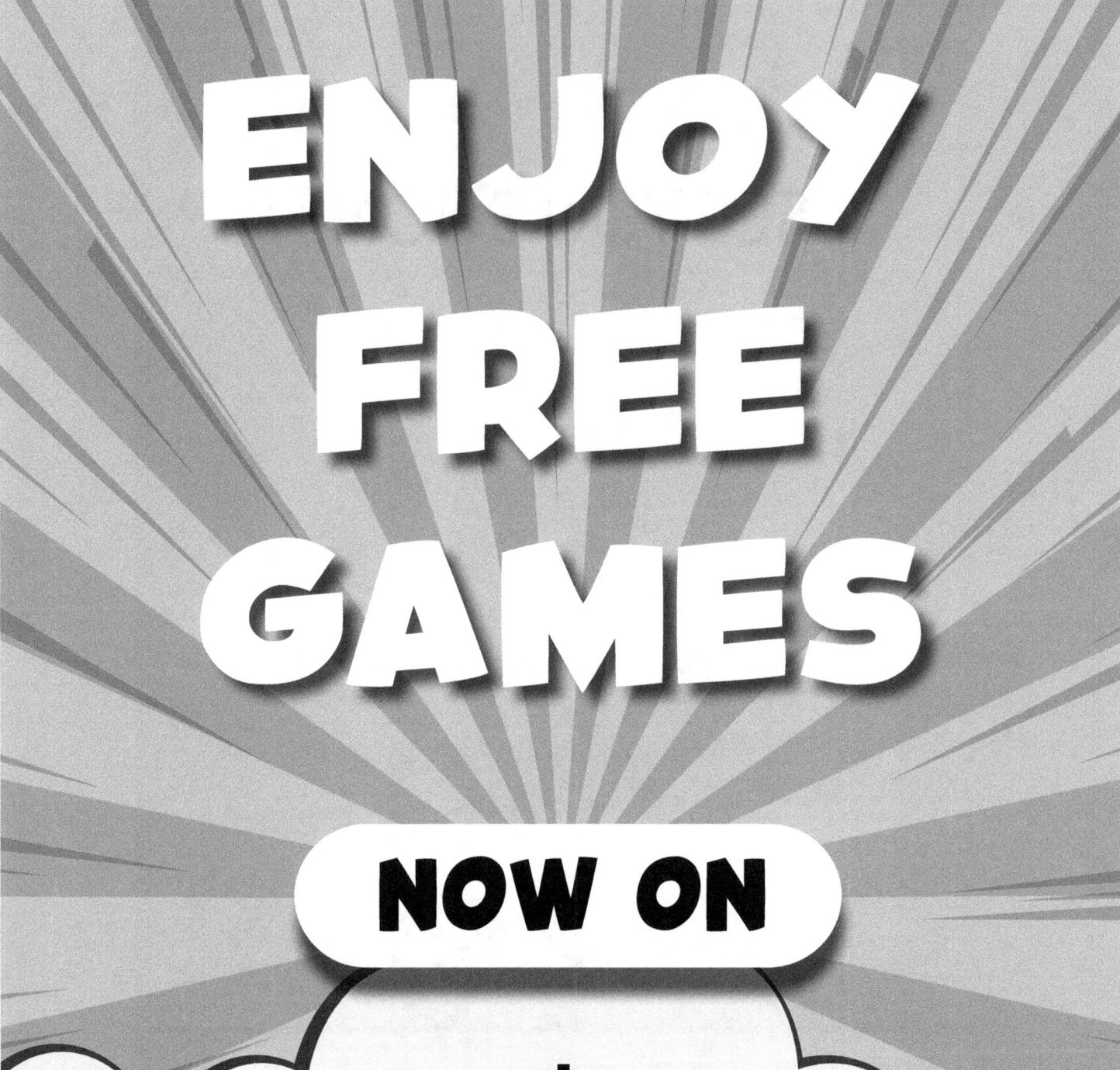

BESTACTIVITYBOOKS.COM/FREEGAMES